「そうだ 京都、行こう。」が長く続くわけ

多くの人に受け入れられる良い広告とは

水野由多加
Mizuno Yutaka

交通新聞社新書 182

もくじ

第4章 「そうだ 京都、行こう。」を貫く広告企画……109

はじめに

「そうだ 京都、行こう。」は1993（平成5）年から現在まで30年以上続く、東海道新幹線の利用促進を意図したJR東海のキャンペーンである。ただ当初の目的としては、民営化を果たしたJR東海を「日本を代表する企業」へと変えるべく計画されたものであり、その舞台として選ばれたのが遷都1200年の節目を迎えた、日本を代表する街「京都」だったのである。

本書では、このキャンペーンがなぜここまで長く続くほど成功し、多くの人々から支持されているのかを同キャンペーンの広告から解明し、我々にとっての京都と旅行、そして良い広告について考えを深める。

奇蹟の都市京都

京都は「奇蹟」の都市である。

例えば烏丸通りには京都御所に面して「蛤《はまぐり》御門《ごもん》」がある。この蛤御門を通して内側の京都御所を覗き見ると、これが実に絶景。どこの国の宮殿（パレス）にも負けない値打ちを感じさせる。堀も櫓《やぐら》もないから城＝キャッスルではなく、そのいわば脆弱な防御状態で宮殿＝パレスが維持されていたことが奇蹟だと、多くの外国人は驚く。

借景で東山まで続く京都御所が烏丸通りから見通せる蛤御門（2024年4月22日筆者撮影）

新緑の頃には、東山の借景が門越しに見える。京都御所の木々が御所の向こうにある「鴨川の手前の街」も「鴨川の向こうの街」も隠して、借景とつながる。まるで京都御所が、東山まで広がる大きな庭園のように見えるのである。このように借景とつながることで、京都御所の東西約４００mのおよそ10倍以上である、４km以上も向こうまで空間が続いて山になっているように見えるのだ。

中国やタイ、ヨーロッパ諸国の宮殿はみな建物群なので、門から広々とした庭園が都のど真ん中に見えるのは、まさに、「日本の宮殿は庭園」という諸外国にはない情景なのである。

この蛤御門は、歴史的な出来事の舞台にもなっている。「蛤御門の変（禁門の変）」は、長州藩勢力が、会津藩主で京都守護職の松平容保らの排除を目指して挙兵し、京都で市街戦を繰り広げた事件。門にはその際の弾跡も確認できるという。もしこの戦いで長州藩が勝っていれば明治維新はもっと早かったのかもしれないし、あるいはなかった（！）のかもしれない。少なくとも、後世まで続く「長州・会津の確執」はなかったのかもしれない。

むろん烏丸通りは160年前にできたのではなく、平安京の造成以来あるから1200年の道。「蛤御門」も、ほんとうの名称は「新在家門《しんざいけもん》」というが、なぜそれがハマグリかと言うと、江戸時代にあった京都の火災の際、滅多に開くことのなかった門がこのときだけ開いたため。固く閉じていたものが火にあぶられ開いたことをハマグリに喩えて「蛤御門」という俗称が付けられたとされている。

300年前の火災の記憶から「蛤御門」と呼ばれるようになり、160年前には長州と会津の戦いの舞台となって日本の近代の歴史の分かれ道の一つとなったその場所。その同じ場所が現在では、4車線の車のひっきりなしに行きかう大通りに面している。地下には地下鉄も通り、とりわけ地下鉄烏丸駅は、東西、南北の地下鉄主要2線の乗換駅で、公共交通の要の駅。

京都御所の庭園とそこにつながる東山の借景。平安から近代にかけて1000年にまたがる歴史のその舞台が、今は地下鉄が通り、多くの人が行き来する幹線道路になっているのだ。

これはあくまで一例にすぎないが、そうした歴史の舞台と人口およそ150万人の現代都市が重なるのが「京都」であり、多くの人が京都に魅力を感じる「奇蹟」なのだ。

こういった街は、国内ではやはり京都以外にはないのではないか。奈良は起源こそ古いが、長岡京遷都後に一時荒廃しており、京都のように1000年続いている街ではない。鎌倉は京都より後の時代に発達し、町域も京都には及ばず、近世・近代史には登場しない。

そう考えれば、京都は、ローマ、パリ、北京といった、世界でも数えるほどのビッグ・ネームと並ぶ都と言っていいのである。

ただ、ちょっと立ち入ってみれば、京都の魅力が奇蹟である訳は、常識とは別のレベルにある。本文でも詳しく触れるが、東山につながる山々がきれいな借景となったのは、明治政府が東山を国有林にしたことや、現在まで続く「京都市の景観政策」の努力の結果である。他の都市だったら、間違いなく住宅開発がなされていたはずなのである。だから、この奇蹟の借景は計画されて、努力して作られ、維持されているものなのである。

奇蹟の広告キャンペーン「そうだ 京都、行こう。」

京都とまったく別の意味で「そうだ 京都、行こう。」は、同様に広告としても奇蹟のキャンペーンであると筆者は考えている。

20世紀には、1か月でおよそ12万ものテレビCMが流れており、1日1人あたり数千のテレビCMにさらされると言われていた。もちろん21世紀に入ってからはテレビを観ない若者も増えているため、テレビCMを目にする機会は減っているが、一方でスマートフォンが普及し、ネット広告に触れる機会が増えている。また、広告とも呼ばない「消費情報」も無数である。YouTuberやインスタグラマーの類も「広告」であり、「消費情報」である。ゆるキャラやLINEのスタンプ、記者会見のバックパネル、スポーツ大会の冠、アスリートのユニフォームと、テレビ視聴が減った今でも、1日1人あたり数千の広告や消費情報の接触がある。

そんな雑踏のような広告は、その中身を見れば「コロコロ変わる」のが常態である。なぜなら、ちょっとでも目を引くためには新しいものでないとダメだと広告の送り手（広告主や広告制作者）が思い、広告を見る人が飽きそうだと思えばどんどん広告表現を変えるからである。

このようにコロコロ変わる広告が多い中で、30年間変わらない広告である「そうだ 京都、行こう。」は奇蹟なのである。

もちろん、このキャンペーンの広告で取り上げられている名所旧跡は変わるが、一貫して変わらないのは「広告の基本路線」である。言わんとすること（新幹線で京都へ）とその言い方（表現の肝心な所）」が変わらない。

なぜ変わらないかというと、変える必要がないからである。しっかり人々から受け入れられて、京都へ行く観光客の気持ちを高めるのに成功し続けているから、変える必要がなく、変わらないのである。ここにはＪＲ東海の趣味や意思ではなく、それを超えた世の中の支持がある。

もちろんいわゆるマス広告の広告主は数千社あるから、その中には「広告の表現の基本路線」を長年変えない事例もあり、それは大きく二つのタイプに分けられる。

一つ目は、有名人の起用である。俳優の岩下志麻を起用するメナード化粧品は今年で51年目を迎えた。新垣結衣を雪肌精ブランドの顔にするコーセーも12年になる。ただこうした化粧品の広告に俳優を起用する場合はいわゆる「顔」になってもらうことであり、分かりやすいが、なかなかご本人の加齢もあり、長年維持されるとも限らない難しさもある。

化粧品以外では、１９８５（昭和60）年から39年続く伊東四朗とヤクルト、１９７８（昭和53）年から36年続く武田鉄矢と東洋水産「マルちゃん、赤いきつねうどん」などがある。また、長嶋茂雄は、１９９０（平成２）年から24年間セコムの広告に出ていた。長澤まさみとカルピスやソフトバンクの「白戸家」シリーズは、２００７（平成19）年から今年で17年である。

有名人の起用と似たような例として、キャラクターの活用がある。不二家のペコちゃん・ポコちゃん、グリコの「走る人（ゴールインマーク）」、コンタックのコンタックおじさん、ロッテの商品名でもある「小梅ちゃん」、興和のコルゲンのカエル、などたくさんの事例がある。21世紀には地方自治体が「ゆるキャラ」として、ひこにゃん、くまモン、ぐんまちゃんなどを打ち出し成功した。

ただし、こうした有名人の起用やキャラクターの活用は、広告の中でも、食品、医薬品、トイレタリー製品、地方自治体とやや限られた、特殊なジャンルである。ディズニーやサンリオのキャラクターが適用できる業種、とも考えられるかもしれない。

ここまで挙げたように、特定の俳優、タレントの起用、あるいはキャラクターを活用した広告が長年変わらないのは、数は少ないがやはり分かりやすいと言えば分かりやすい。その企業なりブランドの顔、目印となるからである（グリコの「走る人」はかつて社章でもあった）。

もう一つ、長年変わらない広告の例として「企業スローガン」の活用がある。大成建設の「地図に残る仕事。」（32年間）、ミツカンの「やがて、いのちに変わるもの。」（20年間）、資生堂の「一瞬も一生も美しく」（18年間）、リクルートの「まだ、ここにない、出会い。」（13年間）と、どれも長年変わっていない。こうした企業スローガンはまさに経営者マターであり、いったん定着したら変えることも難しく、本業が変わっていないのにコロコロとスローガンだけが変わっても妙である。逆にコロコロ変わる大多数のものよりも、はるかに人々の記憶に残り、肝心なことをうまく伝えている稀有なものが、成功事例として長く続くだろう。

こうしてみると、タレント・キャラクターの活用や企業スローガンの利用という二つのタイプ以外で、長期に変わらない広告は数少ない奇蹟の広告なのである。あまたある広告の中で生き残っていくと考えたときには、記憶に残すことのできる、核となる要素・手がかりを広告の中に作り出すのが難しいからである。

その万分の一、数十万分の一、数百万分の一に値する広告キャンペーンが、今回詳しく見ていこうとする「そうだ 京都、行こう。」なのである。

デジタル時代の広告と「そうだ 京都、行こう。」

デジタル時代の広告は、大多数が「販売促進」の広告である。販売促進とは「今、ここで、すぐに」ものを買ってもらうということである。タップ、クリックして、モノを注文する、ダウンロードする、登録する、といった行動を促す目的を持つ広告である。オンラインショッピング、通信販売のデジタル化と言っても過言ではない。業界的には「ダイレクト・マーケティング」である。

また、企業の視点で考えると、販売促進広告は、1の費用で広告を行って、3倍の売り上げが伴えばそれで成功となる。リターン300%となって、経営者も投資家も満足する。広告主も、広告会社も、その担当チームは「手柄を挙げた」こととなる。これは、即効型の広告と言っていいだろう。

その販売促進の広告と「そうだ 京都、行こう。」の広告は明らかに違う。この広告に代表される非販売促進型広告とは、「今、ここで、すぐに」とは対照的に、広告を見た人が「今、ここにない、何か」に思いを馳せ、気持ちを持っていかれるような、直接的な販売促進ではない広告である。これは遅効型の広告効果である。遅いが、人の心の深い所に効くのである。

また企業側から見ると、このような非販売促進広告は、長期にわたる利益という、経営そのものに貢献する。1の費用で広告を行って、長期間にわたって、売り上げだけではない利益・価値をもたらす。そして経営そのものへの貢献につながるような、「コミュニケーションで社会に新しい価値を打ち立てる」広告なのである。

20世紀の広告には、販売促進広告と非販売促進広告の二つがどちらもあった。ところが、デジタル化が進み、スマートフォンが普及した現在では、まるで「販売促進広告こそが広告の代表」という常識が成立した。「今、ここで、すぐに」買ってもらえるかどうかが、広告の良し悪しとなった。この結果、「広告＝スマートフォンの中の邪魔なもの」という未曽有の情報環境の悪化にもつながっている。

このように広告観が変化している今だからこそ、20世紀から続く「そうだ 京都、行こう。」の広告手法を分析する意義がある。「そうだ 京都、行こう。」のような非販売促進型広告の持つ「奇蹟的なチカラ」を再度広告主や広告制作サイドに思い出してもらう。こんなこともあわせて思いながら本書を書かせていただいた。

「そうだ 京都、行こう。」の広告を通じて、広告の奇蹟に思いをいたしていただければ幸いである。

第1章

前提としての京都と旅行、そして東海道新幹線

さて、「そうだ 京都、行こう。」の広告を語るための大前提として、いくつかの要素をまず知ってほしい。

一つ目はやはり京都の魅力を形作る事実関係と京都のイメージだろう。人によって「京都」のイメージは相当に違う。京都との距離感を例を挙げると、隔たった地域在住で京都に行ったことのない人、中学や高校の修学旅行で行ったけれど枕投げ以外は何も覚えていない人、近畿地方の人、ほとんど日常的に行く人、住んだことのある人、生まれ育って今でも住み続けている人……。こう挙げるだけでそれぞれの人が持つ「京都」の記憶が相当程度に差があり、異なると考える方がむしろ自然である。

したがって、本書の性格から観光旅行の目的地としての京都の、いくつかの事実関係を押さえたいと思う。知識のある人にとってはおさらいかも知れないが、以下をすべて知っている方は、制度化されている、京都観光・文化検定の資格を持つ方々でも珍しいのではないか。

また、「そうだ 京都、行こう。」の広告が旅行を目的としたもの、東海道新幹線の利用促進を意図としたものであるから、旅行や東海道新幹線のイメージも前提とされるべきである。

この章では、これらの要素をおさえながら、「そうだ 京都、行こう。」の前史を見ていきたい。

天皇陵は京都府下に42ヶ所、73人分

よく「千年の都」という言い方で京都を別格のものとして形容するように、現代の日本人はどうしても千年分の歴史という厚みをともなって京都を思い浮かべることとなる。

そのことが数字として確かめられるのが天皇の墳墓の数である。宮内庁によれば、京都には42ヶ所（73人分）の天皇陵があるとされており、日本で一番多いことが分かる。

二番目に多いのが奈良で31ヶ所あるとされている。ただ、奈良の天皇陵を詳しく見ていくと、奈良時代以前の天皇が集中している。これは古墳時代から奈良時代にかけて中央政府が奈良におかれたこと、広大な奈良盆地があったこと、そして７９４（延暦13）年に京都に都が移り、その後、墳墓が開発などで荒らされなかったことに由来する。そのため奈良は「千年の田舎」と言われ、京都にあるものより古い古墳などの遺跡が、作られた当時の形をかなり留めている。

その奈良と比べると、京都には７９４（延暦13）年に平安京への遷都を行った桓武天皇

の陵墓・柏原陵《かしわばらのみささぎ》から、1912（明治45）年崩御の明治天皇の陵墓である伏見桃山陵に至る、長い時代にわたる陵墓が散見されるという特徴がある。なお、明治天皇を御祭神とする明治神宮に陵墓はなく、また、東京都にある天皇陵は大正天皇の多摩陵と昭和天皇の武蔵野陵の二つだけで、いずれも八王子市にある。

この、千年以上にわたる天皇陵の数だけ見ても、「千年の都」として栄えた京都の歴史がうかがい知れる。

余談にはなるが、天皇陵を表す「御陵（みささぎ、あるいはごりょう）」という地名も、京都市内だけでも山科区、右京区、西京区、伏見区とあり、駅名はもちろんマンションの名前にまで付けられている。

文化財の象徴であり、秀吉の思いが垣間見える醍醐寺

京都と言えば文化財を思い浮かべる方も多いと思うが、その象徴として醍醐寺が挙げられる。教科書などで国宝に触れる機会があったと思うが、その多くを所有しているのが醍醐寺なのである。その数なんと7万5537点（2024年10月時点）。

何かの間違いじゃないか、と何度もいろいろと調べなおしたけれど、少なくとも醍醐寺

の公式サイトに謳われるし、もしそれが誤りなら、ことは法（文化財保護法）で定めていない虚偽と周囲の指摘があってもおかしくないはずだ。１９９４（平成６）年には、ユネスコの世界文化遺産にも選ばれている。幾重にも確認がなされたに違いない。

ところが国の中央官庁である文化庁の公式サイトによれば、国宝は１１４３件（２０２４年10月時点）とある。

例えば、ふすまが十枚ある場合、加えて引手も細工物だと数えれば何十点にもなる。著名な歌人の何十ページにもわたる古文書である、絵入りの肉筆和歌集を、もしページごとに数えれば何点になるだろうか。点数と件数の間には、こうした単純ではない関係があるようだ。

とはいえ、醍醐寺が所有している21件・７万５５３７点の国宝は、宮内庁や国立博物館を別として、単一の施設が持つ国宝の数としては非常に多い。

また、醍醐寺では「醍醐の花見」でも有名である。現在も、毎年４月の第２日曜日に「豊太閤花見行列」を催すことでも語り継がれる有名なこの花見は、豊臣秀吉が１５９８（慶長３）年３月に醍醐寺三宝院裏の山麓で催した花見の宴のこと。４００年以上も前の一回の花見が今も語り継がれるのは、その類まれな規模と豪奢さゆえだったという。

この花見は、天下人・秀吉最晩年の一世一代の催しであった。醍醐寺は醍醐山一帯が寺。その山全体が舞台となり、秀吉自らが下見のために醍醐寺へ足繁く通い、殿舎の造営や庭園の改修を行い、700本の桜を植樹させた。「そうだ 京都、行こう。」1995(平成7)年の醍醐寺ポスターには、ボディコピーで、天下を取った「あの秀吉が、自慢したくてしたくてたまらなかった700本の桜の子孫たち」と触れられている。天下を取った秀吉が死ぬ前にしたかった自慢ということが、死後、あわせて語り継がれる訳である。

ここで言う自慢とは、1995(平成7)年のわれわれに対してではなく、具体的には、諸大名やその配下の女房女中衆約1300人に対してのものであったともされている。何より、醍醐寺へ向かう1300人の身分のある女性の行列は、それだけでも京都中の話題であったろうし、男は参加できないのか、と悔しがった人の顔も想像できよう。参加した女性たちは2回の衣装替えが命じられ、一人3着ずつ着物が新調され、衣装代だけでも多くの金額がかかったと言われる。身分ある女性たちの大行列、次の年からは「秀吉生前最後の」と語られ続ける。これが「醍醐の花見」なのであり、秀吉が死んでなお人々の心の中に生き続けるために行った演出だったのだ。

その意味で、この花見は、彼の人生を集大成させるような並々ならぬ想いが込められて

1995（平成7）年春「醍醐寺」ポスター
地球に、ポッと桜色になっているところがあるとしたら…京都です。
あの秀吉が、自慢したくてしたくてたまらなかった700本の桜の子孫たちです。少々の人出には、負けません。

いた。また、ねね（北政所《きたのまんどころ》）と淀君2人の同席も記録の中にあり、秀吉の家族愛も見え隠れし、彼が家族への最後のサービスとしてもこの花見を企画したと考えられる。

秀吉の「死してなおこの世に留まらんとする」思いが、「そうだ 京都、行こう。」1995（平成7）年の醍醐寺ポスターに言う「ポッと桜色に」宇宙から見ても日本列島の中に見えるのであろうか。

国有林に囲まれた街

京都は、東、北、西の三方を山に囲まれ、それぞれ東山、北山、西山と呼ばれている。この京都を囲む山々の多くは、国（林野庁）が管理する国有林となっている。

京都市内には、東山、北山、西山に約1400haの国有林が所在すると林野庁の公式サイトにも書かれているが、むやみに保有・設置されている訳ではなく、計画、

四条通りから東を臨めば東山の緑で視界が終わる。（2023年7月2日筆者撮影）

戦略がはっきりとなされた結果なのである。

国有林となったきっかけとしては、1871（明治4）年に出された社寺上知令までさかのぼるのだが、この経緯は、本書でも度々触れることになる明治新政府以来の方針が大きな役割を果たした。明治政府の岩倉具視らは欧州視察の経験から、ロシアにおけるモスクワとサンクトペテルブルクの関係を踏まえて、東京と京都の関係を想定した。外国からの使節団を東京で迎え、京都で歴史を感じさせるというシナリオである。

ところが天皇が東京に移って以降、

人口が減り、多くのパトロンである皇族、貴族を失った京都はさびれていく。そこで、明治天皇を初め、岩倉らも京都に戻るたびに心を痛め、神社仏閣への補助、山林の整備が明治初期からなされた。

明治政府の中心人物であった、岩倉と大久保利通は早くに亡くなったが、国の形を構想した、ある種超法規的な存在として死後も扱われた。その後の国による法制度、内国博覧会の開催などの、京都府知事や市長らによる、今で言う京都の景観保全努力が続くのである。

京都都市部の景観保存

京都の景観をどう政治と行政が保全し、その時代時代の近代化などと両立させたのかは、大部の書籍になるような膨大な積み重ねがある。また、国の法律である景観法は2004（平成16）年というきわめて新しいものであり、それ以前の古都保存法での保護は清水寺、金閣寺、銀閣寺などの歴史的建造物とその背景となる山々が対象と限定的なものだったように、景観保全への取り組みは京都が国に先駆ける革新的なものであり続けていたのだ。以下、いくつかを確認しよう。

明治初期には、東京遷都により疲弊・荒廃した京都が復興と近代化に努める中で、京都

平安遷都1200年記念事業　京都駅改築事業完成記念式典の様子（交通新聞）

府・京都市が建築物の街路境界からの後退規制、幹線道路の舗装、道路清掃の奨励、並木の保全、ガス灯の設置などを進め、街路景観の整備を図った。また、御所の保全整備や社寺境内地の公園としての整備を、国有地はもちろん、寺社には補助を行うなどして進め、山林の保護・育成なども行った。

大正から昭和初期にかけては、琵琶湖疏水の建設、水力発電とそれを利用した日本初の市電の敷設・開業、また円山公園の整備、嵐山、東山、高雄といった京都をめぐる三山の風致保護などが本格的に行われた。

第二次世界大戦後は、京都市は１９７２（昭和47）年に既成市街地への景観施策として「京都市市街地景観条例」を制定。この条例は、既成市街地に存在する京都の歴史的町並み景観の保全と再生を狙いとし、国の景観法や他の地域に先駆けた画期的なものであった。また、工作物規制区域ならびに巨大工作物規制区域を設定し、高度規制を設けることによって京都タワーのような巨大な工作物をその後規制することとなった。バブル期を迎えるころには、平安遷都１２００年を記念した京都駅の改築計画が議論の対象となり、高さ60ｍの建築にもかかわらず京都の景観規制と現代的な要請とを巧みに両立させたと言われる。

古い絵はがきや写真を見れば、明治期の四条には仁丹の三色点滅看板が東山をバックに見られたし、五条大橋には京阪電車の大きな看板があったり、当時の都ホテルの建物の上にはビール瓶の形の屋外広告などが掲出されたりと、今の京都では考えられないような目立つ広告も見られた。昭和期には四条通りの建物の屋上にはブラザーミシン、神戸銀行、カルピス、ＮＥＣなどの巨大なネオン広告塔が立っていた。

一方で現在の京都で誰もが驚くのは、全国で統一されている都市銀行やコンビニなどの看板や店舗の外装が、他の地域と異なって原色を避け地味な彩色がなされていることである。このように、広告に限っても、大きさ、設置場所、色彩などの細かな景観規制が京都には積み重ねられて今に至っているのだ。

こうした規制を見ると、特定の個人や政党の方針ではなく、時代時代の要請と古都京都のイメージ保全の両立を、国の立法を待たずに行うという離れ業が京都の自治にはあったことがうかがえる。このこと自体特筆すべきことであり、他地域の景観条例の模範ともされている。決して古いものが古いまま保存されているといった、単純な理解を許さないのが京都の景観なのである。

旅行はいつから「楽しい」ものになったのか

これまで京都という街のイメージを形作る要素について触れてきたが、ここからは旅行観の変遷について見ていきたい。

まず、旅行や旅と聞いてワクワクするのは、日常生活から離れて新鮮な体験が得られることを期待しているからであり、おそらくずいぶんと昔からそうであったと考えられる。しかしその旅行が広く普及し、大衆化するに至ったのは、大きく二つの時代が関係している。

まずは、街道が整備されて、宿場というものが成り立った江戸時代。当時の街道は、基本は参勤交代のものであったため、街道にある宿場町は、表向きは公用のものであった。しかし、一般の旅行者や飛脚なども利用するようになり、江戸時代後半になると、それ以前と比べ庶民の生活も豊かになって、伊勢参りや金毘羅参り、あるいは湯治といった庶民の旅が一般化した。宿場町もそんな需要に応えて、現在のように食事を提供する旅館が一般に見られるようになり、これがいわゆる「旅行の大衆化」と言っていいようだ。

とはいえ、当時の旅には危険や困難が付き物でもあった。盗難、追いはぎ、ぼったくり、などの危険と隣り合わせだったと考えられよう。また、何日も連続して歩き続けることそれ自体が苦しいことでもあった。

また、１８８９（明治22）年には早くも東海道線の全区間が完成するなど、明治時代も旅行観は大きく変化した。八幡製鉄所が創業する１９０１（明治34）年まで、国内には製鉄所もなく線路用鋼材はほとんど海外からの輸入に頼っていた。そんな国力の乏しい日本が、なぜそれほど早く鉄道網を作れたのか。その背景には、岩倉具視が「天子様のご先祖は京都にある。鉄道が開通すれば、お墓参りが簡単になる。それを邪魔するとは、天子様への考動を妨げ、国の大本を揺るがすことだ」と言ったという逸話がある。

１８９４（明治27）年に日清戦争が始まると、明治天皇の直接指揮所である大本営が広島におかれ、広島の宇品港から大陸に多くの兵士と武器・弾薬が輸送されることとなり、日本国内の鉄道網が青森から広島までつながっていたことが大きな役割を果たした。この

修学旅行専用列車（交通新聞）

結果、日清戦争従軍経験者の多くが、結果として鉄道旅行経験者となったのである。

明治後半には、文部省（当時）が修学旅行を勧める。第二次世界大戦が近づくにつれて、愛国教育、天皇制教育の色彩が強くなり、修学旅行の行先が伊勢・奈良・京都と収斂していった。もちろん伊勢神宮、橿原神宮、神武天皇陵、平安神宮などへの参拝が含まれていた。ちなみに伊勢神宮以外は明治時代の建立と新しい。つまり建立自体が明治政府の国家政策である。また戦前の神社の格付け（近代社格制度）では、伊勢神宮はアマテラスを主神とする「社格のない特別な存在」つまり別格で、橿原、平安両神宮は「官幣大社」という最上位にランクされる。これらに参拝することで愛国心を育もうとしたのである。

また、修学旅行専用列車がここで多くの中学生に、初めての列車による旅行体験を提供することにもなるのだった。

戦後は、伊勢が減じて奈良・京都への傾向が強まるが、専用列車、専用車両は新幹線も含めて現在にまで至っている。このように昭和以降に限っても１００年、日清戦争から考えれば１３０年もの間、国民レベルで鉄道旅行体験が積み重なっていく。

徒歩が前提の「旅」が、鉄道を使う「旅行」へと、国民のレベルで認識進化が起こったと言えるのだ。これは、当然、人々の意識全体の変化にも結びつく。ワクワクする感じと肉体的な気楽さとが結びつき、鉄道に乗ること自体が、自分が新しい時代に生きているのだということを感じさせたのである。

会社から観光バスを連ねて行く１９７０（昭和45）年大阪万博

以上のようにして旅行の大衆化はなされたが、日本で開催された国際的イベントが、移動インフラの整備につながり、さらに旅行を普及させることに一役買った。

１９６４（昭和39）年の東京オリンピック開催にあわせて高速道路や東海道新幹線と

大阪国際万国博覧会のシンボル「太陽の塔」(交通新聞)

いった、今の交通網の礎が整備された。東海道新幹線で得た経験は、1970(昭和45)年の大阪国際万国博覧会(通称:大阪万博)における団体輸送に活かされている。また、今では考えにくいが、東京から観光バスを連ねていくような、社員旅行の目的地であったことも珍しくなく、旅行をより大衆化させた出来事と言えるだろう。

万博に先んじて、慰安旅行、社員懇親旅行が多くの職場で習慣ともなっていた。温泉地へ行って、畳敷きの大広間で宴会を行う。ビールや日本酒を、膝を突き合わせながら注いで回る。日本的な宴会がそうした団体旅行にはつきものだった。そういった需要に応え、大広間を持つ体裁の旅館も増えた。筆者の記憶では平成のはじめの頃まで、こうした旅行がなされていたように思われる。ある公的な業界では「研修」という名前が、この慰安的で報奨的でもあった旅行を指し示していたようだ。先に述べた修学旅行もまた、団体旅行の一つと言える。

昭和の半ばには、一般化した新婚旅行という名前の団体旅行がまた増えた。同じ目的地（宮崎が有名）に新婚の団体が同じ列車で向かうのである。

こうして高度経済成長期からバブル期にかけて、修学旅行に加えて、企業社会、家庭の幸福、国際化、旅行業自体の産業化などを背景に、団体旅行を増加させたのである。

移動手段、宿泊先、訪ねるべきところ、スケジューリング、費用について自分で考えずとも、引率してもらえる団体旅行は便利である。旅行の産業化も同時並行的に進展し、個人で手配するよりも割安に、交通機関も宿泊先も、各種施設の入場料も手配してくれるから、便利であった。旅行中は何も考えず、迷う心配もなく過ごせるのである。また、今のようなインターネットがなく、個人で情報収集することが難しかったことも背景にあるだろう。

こうしてみれば、平成までは「そうだ 京都、行こう。」が想定するような、個人が思い立って自分の意思で行く旅行が、いかに存在しなかったのかが分かるのだ。もちろん、現在と比べて、様々に社会は貧しかった。あるいは、令和の日常用語からは消えた余暇という言葉も、そんなゆとりのなかった昭和を思い出させる。仕事以外の「余った暇」という位置付けしか、自由な時間にはなされなかったのである。意識面、時間面、資金面で、個人で行く旅行は視野の中には入っても、現実にはなかなかその余裕がなかったのである。「そうだ 京都、行こう。」の言う、気安、手軽、気ままな旅行が短い歴史しか持たないことが推察できるのだ。

1970（昭和45）年以後、こうした状況下で展開された、国鉄の「ディスカバー・ジャパン」キャンペーンによって個人旅行がようやく多くの人の視野に入ることになるが、すぐに海外へと目線が移ることとなった。

平成の円高による海外旅行志向

昭和の終わり、信じられないことが起きた。それはそれまで240円前後より円安だった円が、第二次世界大戦後初めて120～140円台に突入した。このリアリティは当時まだ子どもだった1970（昭和45）年以降生まれ、今の50代以下には実感しづらいものだろう。

訪日外国人旅行者数と出国日本人数の推移

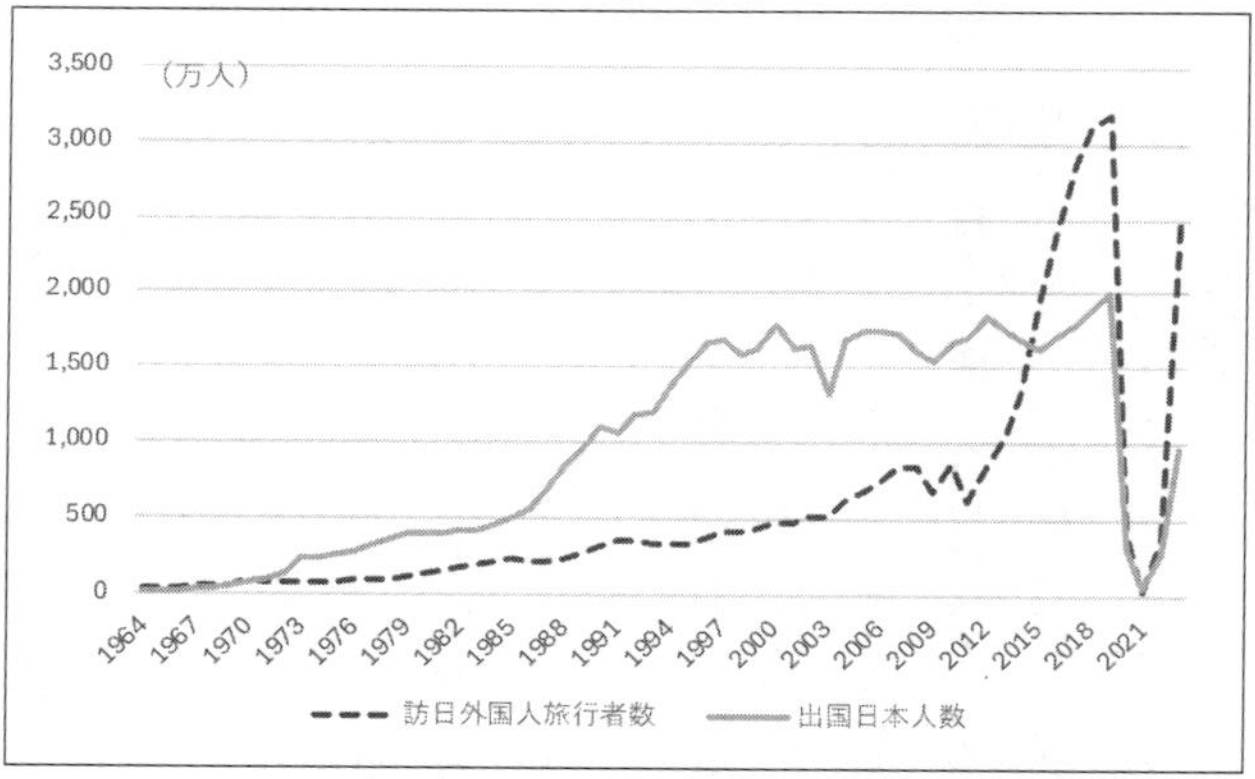

※日本政府観光局（JNTO）をもとに編集部制作

第二次世界大戦以降、敗戦国・日本の輸出業を政策的に振興するために、円は1971（昭和46）年まで固定為替で360円であり、変動相場に移行してからも240円前後だったのだ。それが一挙に1985（昭和60）年の「プラザ合意」という日米間の政策合意によって、アメリカ経済のために、120～140円前後になり大ショックを与えた。

この円安の影響を大きく受けた業界として、旅行産業がある。事実、日本人出国者数は、1987（昭和62）年に23・8％増の682万9338人、1988（昭和63）年に23・4％増の842万6867人と2割増を続け、海外旅行市場が大きく活気づくことになる。

突然に海外旅行が半分以下の費用で行けるとしたら、と想像してみてほしい。

実際、平成に入ったころは、若いＯＬ（当時、女性ホワイトカラーはＯＬ＝オフィス・レディと呼ばれていた）が夏休みには必ずと言っていいほど海外に出掛けるような時代となっていた。今はもう下火になった、週末の金曜夜から月曜朝までのグアムやサイパンに向かう弾丸旅行が目玉だったし、ハワイ、バリ、プーケット、タヒチといったリゾートも20代の女性の会話にどんどん登場するようになった。報道という点では若い女性が目立ったが、男性もこぞって免税のたばこやウイスキーを持てる限りお土産に買って帰ったことも当時の社会現象である。

この状況下、日本からの旅行客を見込んで、日本の高級ホテルや百貨店もたくさん海外にオープンした。今はもうないが、ホテルニッコーがパリにあり、ホテルオークラはハワイに四つもあった。１９９０年代、日系のデパートがヨーロッパに18もあったこともある。これも平成の日本人観光客を見込んでのものだった。

それと対照的に、国内旅行はむしろ割高で魅力の乏しいものになった。免税のブランド品も買えず、何より宿泊費も馬鹿にならない。

このような海外志向と、国内旅行のイメージ衰退の中で登場したのが、「そうだ 京都、行こう。」である。本書の冒頭で触れた通り、国鉄の民営化もこの時期であった。「そうだ京都、行こう。」には、「そうだ 日本には京都があった」という再発見の文脈も当時にはあったのだ。詳しくは次章以降で述べるが、旅行者の視線を日本へ、その日本の文化を象徴する京都へと向け、間接的には東海道新幹線の利用にもつなげようとしたのである。

修学旅行と高齢者の街、京都

では、「そうだ 京都、行こう。」以前の観光地としての京都のイメージとはどのようなものか。

そのイメージ形成の一助となったのが、修学旅行である。筆者の場合は、湿った重い布団や、和式の汲み取り便所（当時あまりトイレとは言わず便所と言った）をよく覚えている。

「そうだ 京都、行こう。」の中に奇しくもそのままのコピーがあるが、修学旅行で訪れた京都が国民共通の記憶となったのは、先に触れた岩倉具視の、日本の歴史の中心として京都を位置づけて国の内外に知らせるという構想と、歴史教育という修学旅行の目的が重なった結果である。事実、修学旅行の目的地を見ると、平和教育としての沖縄、広島、長崎も多いが、依然としても京都がもっとも多い。

もう一つ、宿泊施設という点でも、京都は他の街とは違った様相を呈していた。

令和の現在では、大衆化したホテルがたくさんある。鍵一つでプライバシーが保たれる安心感がある。もちろんそういったものが一般庶民には関係ない昭和期には、旅行者はどこに泊まっていたのであろうか。

国民的マンガ『サザエさん』の中で、親戚である大阪のフグタ家の人がよく磯野家に泊まりに来ているように、親戚、知人宅に宿泊することが多かったのだ。旅館しかなかった当時、それと比べれば安心で無料な「うちに泊まってください」という会話が、妙なことではなかったのである。磯野家が1970（昭和45）年の大阪万博に行くというエピソードの中では、フグタ家に泊めてもらっている。選択肢が少なく、貧しい時代と言えばそうなのかもしれないが、人間関係の距離感が現代とは違うのである。

さらに京都の場合は、第二次世界大戦前から発達した大きな旅館に、宿坊が加わる。宿坊とは、もともとは僧侶、修行僧が寝泊まりする場所である。朝夕の食事もそこでとる。大本山の大きな寺院が京都には多く、僧侶、修行僧用のものとは別に、大きな宿泊施設を建てて宿坊と称することが多くなったと考えられるが、精進料理などいかにも寺院らしい

1993（平成5）年冬「三十三間堂」ポスター
修学旅行のときは「仏様が一〇〇一体、それがどうした」って、かんじでしたが…。
帰ったら、なつかしい日本史の教科書「平安時代」のページでも、読んでみようかな。

食事をいただくなど、本山に詣でる末寺の檀家のありがたい団体旅行にもなっていた。

　だから、仮に「そうだ 京都、行こう。」以前の京都イメージは、多くの人にとって、小中高生のときに修学旅行で行くところか、篤信の高齢者が本山に詣でる、いわば高齢者の街だったと想定するのもあながち間違いではないのである。

　１９９３（平成５）年の「そうだ 京都、行こう。」の課題が、強固で根深い二つのイメージを転換し、現代の人の目的地となるような今的なイメージを新たに醸成することにあったのは、このように了解されるのである。

イメージが引っ張る東海道新幹線

最後に、「そうだ 京都、行こう。」とは切り離せない、東海道新幹線に対するイメージについて触れる。

2007（平成19）年の「そうだ 京都、行こう。」では、思い立ったらそのままのスーツ姿で、勤め先から京都へ行こう、というコピーフレーズが使われる。

当時、東海道新幹線は、仕事で出張するサラリーマンの乗るものというイメージが勝っていた。もちろん令和の現代においても、実際の需要としてビジネス目的は大きいが、今にも増して、「そうだ 京都、行こう。」キャンペーンが広めようとした観光旅行での利用というイメージが、なかなかなかったのである。

具体的には、東海道新幹線開業前の1963（昭和38）年には、特急「こだま」は、東京〜大阪間で最速6時間30分かかっていた。一方で翌年、「夢の超特急」と言われた東海道新幹線は、開業当初には東京〜新大阪間をおよそ5時間で走り、超特急「ひかり」に至っては4時間で結んだ。所要時間が短くなったことで、夜行列車が一般的だった当時、実際

東海道新幹線　初代「のぞみ」300系（交通新聞）

以上に、関西や京都を身近なイメージにすることにつながった。
　もちろん飛行機での大阪便はあったが、やはり偉い人たちの出張用と見なされていた。東海道新幹線の東京～新大阪駅間では、１９６４（昭和39）年当時の「こだま」の２等車（今の普通車）で、運賃１１８０円＋特急料金１１００円＝２２８０円であったのに対して、航空機だと６０００円～７０００円と3倍も高かったため、一般的な旅行での利用では、鉄道の方が適していた。
　その後、１９８７（昭和62）年に国鉄が民営化し、ＪＲ東海が誕生したのちの「シンデレラ・エクスプレス」と１９８９（平成元）年からの「クリスマス・エクスプレス」という主に10代や20代向けの広告を展開し、東海道新幹線のイメージ転換を図ることになる。東海道新幹線が持つビジネスユースというイメージを、帰省と恋愛という個人のストーリーに鮮やかに転化させることに成功したのである。

ただこれらの広告は、前者が東海道新幹線の最終電車を、後者がクリスマスを印象付けたように、限られた時間・時期に焦点を当てていることに「そうだ 京都、行こう。」との大きな違いがある。

1992（平成4）年に東海道新幹線「のぞみ」が運行されたことをきっかけに、1993（平成5）年から「そうだ 京都、行こう。」の広告が開始する。東海道新幹線に、時間や時期にとらわれないより普遍的な「京都」というイメージを、新たに加えることが求められ、それに応えたのである。

第2章

京都の描き方の技

この章では、いくつかのポスターなどを例にとりながら、「そうだ 京都、行こう。」における京都の描き方の技、いわゆる「広告表現」の理解を深めていきたいと考えている。

30年を超えるキャンペーンの広告というと、読者の中には物心がついていなかったり、まだ生まれていなかったりした頃の広告もある。おおむね50代以上の方々でもすべて覚えている訳でもないし、関東を中心に展開されたキャンペーンだったから、必ずしもその当時に接していた保証もない。

本書の中でも、いくつかポスターなどを掲げているが、今の時代、スマートフォンを片手に実際のポスターやテレビCMを見るといった、20世紀から考えれば贅沢な読書体験ができるありがたさがある。事実、「そうだ 京都、行こう。」の公式サイトでは、キャンペーンギャラリーとして過去のポスターの一部が公開されており、また公式YouTubeチャンネルでは、過去のテレビCMも公開されている。本書を読みながら、そういった広告をぜひ存分に味わっていただきたい。

むろん、私はグラフィック・デザイナーでも写真評論家でもコピーライターでもない。だから、第4章の「広告企画」論に連なるものとして広告表現を論じることはあらかじめお断りをしておく。

「そうだ 京都、行こう。」という抜群のヘッドコピー

ヘッドコピーである「そうだ 京都、行こう。」が、時代を超えてパワーを持ち続けていることは、ナレーターが代わり、縦書き3行表記が2行表記に変わるという変化があっても、30年以上もの間文言が変わらないことからも分かる。効果があったから変える必要がなく、またその効果が永続している点に、キャンペーン開始当初の着眼点の確かさがうかがえる。

まず、「そうだ」の部分だが、突然思い立って、計画も予約もなしにひとりで気軽に旅行へ行くことができるのは、まさに豊かな現代社会ゆえである。それなりに自分で自由に使える所得が多くの人にあるという「豊かで快適な社会」が前提である。様々な社会的条件である、安全で快適な宿泊先や予約のしやすさ、困った際のサポートなどが平成に実現した。

そして東海道新幹線の存在も大きい。東海道新幹線によって叶った、京都までの時間の短さや便数の多さ、運賃・料金の適切さがある。

こうした前提がなければ、「そうだ」とふと思い立つような形で始まる広告コピーは、それを聞いた人からすれば「何をおっちょこちょいなことを言っているんだ」となりかねないのだ。反対に見ると、そういった前提をきちんと織り込んだからこそ、すんなりと広告

の受け手の心の中に入り、「言えてるなぁ」と腑に落ちたのだ。

「京都、行こう。」という箇所もまた、社会状況を前提としている。団体旅行がやや衰退し、個人旅行が広く普及してきた段階で、海外旅行であっても個人で計画を立てる必要があるものとなった。その中で、計画を詳細に立てることなく、東海道新幹線に乗るだけで行くことができる京都を目的地として訴えかけており、海外旅行とは違った気楽さを感じさせる。

このように、豊かな現代社会と個人旅行の普及という背景で、ふとした思いつきで気楽に旅行に誘うコピーであったからこそ、現代の人の心を捉えたのだろう。上の世代にとっては「良い時代になったものだ」と見える。若い世代には、時間とお金の自由な使い方ができそうだと感じられる。可処分所得と週休二日制、働きすぎの是正といった平成の波にキャンペーンが乗ったのだ。

音楽と京都の微妙な組み合わせ

「そうだ 京都、行こう。」の音楽である『My Favorite Things（わたしのお気に入り）』もまた、広告を貫く不変の要素である。

『My Favorite Things』はミュージカル映画の名作『サウンド・オブ・ミュージック(The Sound of Music)』の中の劇中歌である一曲。この映画は１９６５（昭和40）年公開ながら、世界歴代興行収入も更新した大ヒット映画である。

物語の舞台は、第二次世界大戦直前のオーストリア。ナチス占領下、家庭教師として歌と家族愛を歌うのがジュリー・アンドリュースである。彼女は、６人の子どもの家庭教師兼ベビーシッター。雷をともなう嵐の夜、とりわけ４、５歳の女の子２人は怖くて眠れず、同じベッドにいる彼女に両面からしがみつく。

そこで、彼女が歌い始めるのが『My Favorite Things』である。怖いことがあっても「私のお気に入りのものを思い浮かべれば大丈夫よ」とその子どもたちに向けて歌う。

むろんこのシーンは、ナチス占領下という怖さとそれに立ち向かう姿勢という映画の大きな通奏低音ともいえる。

このシーンを現代社会と京都という関係に当てはめると、日常生活には様々な苦労も悩みもあるが、そんなときに「お気に入りの京都のことを思い浮かべれば、そんなに落ち込まないの」といった風にも読みかえることができる。

とはいえ、テレビＣＭやネット動画で、この歌、旋律を聞いた人が先に述べた歌詞の意味と京都とのつながりを思い浮かべているとは考えにくい。むしろここで重要なのは、誰もがどこかで聞いたことのあるような、いわゆるスタンダード・ミュージックのワンフレーズを広告に使用しているという点である。

とりわけ「そうだ 京都、行こう。」開始当初の20世紀は、いまだにインターネットも一般化しておらずテレビＣＭの効果が大きかった。そのため多くの広告主がテレビＣＭで広告を配信しており、見る人の視点では、テレビ以外のメディアもほとんどなく一日に何百本ものテレビＣＭに晒されていた。

ということは、一つひとつの広告は、他のＣＭのノイズ・雑音の中に埋没する。オンエアしても見てもらえない、あるいは記憶に残らないという、テレビＣＭの宿命的な情報環境が昭和の後半以降から年々厳しいものとなっていた。

この環境下で、多くの人に聞き覚えのあるスタンダード・ミュージックのワンフレーズを使うことは、聞く人に「おや？」と思ってもらい、眼をテレビ画面に戻してもらえる強いものであったと言える。

著名な音楽やポピュラーなクラシック音楽のワンフレーズを使用するという手法は、比較的最近も好んで使われている。例えば、チャイコフスキーの『くるみ割り人形』の「葦笛の踊り」は、もはやソフトバンクのＣＭの目印となっている。中居正広が出演するソフトバンクのＣＭはクインシー・ジョーンズの代表曲『ソウル・ボサ・ノヴァ』がテーマソングである。『白戸家のクラシック音楽』というコンピレーション・アルバムＣＤまで販売されており、その中には、チャイコフスキーのほか、プロコフィエフ、ドビュッシー、Ｊ・Ｓ・バッハと、著名なクラシック音楽が含まれている。

逆に言うと、そのテレビＣＭ用に新たに作る楽曲は、なかなか「おや？」と思ってもらいにくい。もちろん、伊右衛門の久石譲のオリジナルテーマソングのような稀有な成功例はあるが、その音楽が人の記憶に残る確率で考えると、ありものの借用に比べて格段に低い。そのため、楽曲の制作に費用を割くのはリスキーと言ってよく、コストパフォーマンスという点でも、聞き慣れた音楽を使用するメリットがある。

そして、特筆すべきはこの広告を通じて、『My Favorite Things』＝「そうだ 京都、行こう。」の図式を超えて、『My Favorite Things』＝京都というイメージをも作り出した点である。もはやこの旋律は、京都のテーマソングにまで人々の心の中で繰り上がったのだ。

広告の中で30年変わらずこの音楽を使い続けてきたこともあるが、要は東海道新幹線を使って京都まで行く人が増加し、「そうだ 京都、行こう。」を意識する人が増え続けたことがこの結びつきをさらに強固にした。この広告と京都旅行の好循環によって、多くの人々の心の中で音楽と京都の結び付きが起きたのである。『My Favorite Things』はこのようにして、「そうだ 京都、行こう。」、そして京都の一部となったのである。

ビジュアル作りの贅沢さ

京都の観光スポットは、どの場所であっても桜や紅葉、ライトアップなどの名所となっている。そのため、インバウンドが叫ばれる前から、一貫して京都への観光客は多く、その混み具合は現地に行かなくても想像に難くない。

ところが、「そうだ 京都、行こう。」のポスターもテレビCMも、基本的には観光客の姿などない。ベストシーズン・ベストタイミングで静寂な観光地に「やっと来れました」と、その場所をひとり占めしているかのようなビジュアルである。

制作に携わった方の話によれば、ロケハンを別にしても、前夜からカメラを移動させるクレーンやライトなどの機材を持ち込み、朝いちばんから撮影を開始したという。神社仏閣は撮影で一日休むわけには行かないから、拝観が始まる時刻までの2、3時間が勝負。不思議と天候に恵まれることが多かった、とのことではあるが、撮影時のスタッフィングは、スチル撮影と動画撮影の両方で、何十人がかりだったそう。一般に、テレビや雑誌の制作に比べて広告の制作は大がかりである。民放開局以来、現在に至るまで、例えば俳優や景色などが、番組よりコマーシャルの方がきれいに撮れていることが広告として重要であり、そのために大きな手間もかける必要があるのだ。

他方、同じ時期に、何回分もの撮影をまとめて行っていたこともあるそうだが、これは、元国鉄であったＪＲ東海が単年度会計だったことに由来する。すなわち、来年のために撮っておくことができなかった、とも聞く。制作物の納品も広告の実施も、会計年度内に終了する必要があり、期をまたがると会計上「利益隠し」と言われかねない状況もあった。

そのため、１９９０年代のポスターに写る桜は、造花の桜を画面に写らないところから「差し出すように」写したとのことである。近年では写真や映像の加工技術も進み美しいビジュアルを作り出す工夫がなされ、「映像はＣＭ上の演出を施しています。」といった注釈が入ることにもなる。

ただ、こうしたビジュアルを「作り出す」努力によって実現した、ありそうでない美しい京都のビジュアルが、「そうだ 京都、行こう。」の30年を支えてきたともいえるのだ。

広告表現①　上賀茂神社の「木の文化」

さて、ここからは、実際の広告をもとに、その広告表現を見ていきたい。

まず、最初に見るのは1995（平成7）年の上賀茂神社。世界文化遺産であるが、指定される以前からもちろん国宝建造物でもあった。

京都の神社仏閣や城が「古都京都の文化財」として世界遺産に登録された1994（平成6）年当時、世界文化遺産という仕組みはいまだ一般にはあまり知られていなかった。現在、登録の運動が起きたり、申請そのものを国内で競ったり、ユネスコの審査のプロセスがニュースになるのとは事情が違っていた。

したがって、コピーにあるように「エジプトのピラミッドやローマのカラカラ浴場」が仲間だと言われると、その瞬間、何と日本文化は誇らしいのだろうか、それを世界が認めたのだと感動を覚える人も少なくないのだ。ビジュアルでは、白い神馬、神職さん、檜皮葺《ひわだぶき》の木造の社殿が、画面いっぱいにたたずむ。

誇らしさは、石の文化の象徴でもあるピラミッドやカラカラ浴場と並べられる、その違和感にも関係する。よく言われる日本の建築文化は「木と紙」。火事に弱く、石の文化とは耐久性もまったく違う。それが仲間扱いされたのが、世界文化遺産への登録なのだ。弱さが弱さのまま、はかなさがはかなさのまま、人類の宝なのだと仲間扱いされたことは、やはりそれまでになかった、たいへん誇らしいことだったのである。

かつ世界文化遺産には、定数がある訳ではない。オリンピックがよく「平和の祭典」と

1995（平成7）年春「上賀茂神社」ポスター
「世界文化遺産」が春の小川と桜のトンネルの先で待っていてくれました。
1994年12月ユネスコが選んだ「世界文化遺産」です。仲間にはエジプトのピラミッドやローマのカラカラ浴場があります。

言われるが、競技には金メダルも、着外もある。その点で言えば世界文化遺産の方が、よほど平和を象徴するものと言えるのではないか。この世界文化遺産に登録されたことほど「木と紙の文化を持つ平和な国家・日本」に相応しいことはないのかもしれない。

そういった深いところから湧き上がるような、世界レベル・人類レベルの日本の誇りを正面から描いたのが、このポスターと言えるのである。

1995（平成7）年のテレビCMでは、「平安の社に、平成の風が吹いています。また今年も、京都に春が来ます。」と、きわめて素直な初代ナレーターの長塚京三さんの声が流れる。キャンペーン開始2年目にして、すでに世の評価が高かったことも感じさせる。『My Favorite Things』は、日本らしく琴で演奏されて、ウグイスの声も重なる。

今ではピンと来ないかもしれないが、1995（平成7）年は、昭和が長かったこともあって平成に慣れたか慣れなかったかの頃でもある。そんな中で、「平成」の「平」は「平安」の「平」として、慣れない平成に、日本らしい平安を重ね合わせているかのようである。

当時の社会状況を見ると、1995（平成7）年は阪神・淡路大震災と地下鉄サリン事件の年でもある。「平安の社に、平成の風が吹いています。また今年も、京都に春が来ます。」という広告コピーが心に刺さる被災者、関係者も多かったのではないだろうか。

同じ年の別バージョンのテレビＣＭでは、「賀茂川から来た水は、ここを巡り、また賀茂川に入っていきます。風光る京都です。」とナレーションがかぶさる。平安貴族の曲水の宴を連想させるような現代では考えにくい広さと、人工の川という贅を尽くした造作の庭。はかなさのある「木と紙」の文化ながらも、「また今年も、京都に春が来る」のである。

なお、上賀茂神社は２００７（平成19）年にも再度取り上げられている。テレビＣＭのナレーションは「ここには、京都の町の誕生に深く関わる神様がおいでになります。その神様は、京都の春は格別に美しく、とお考えになったのでしょうか？　しかし、困ったぞ。私はもう春のない国には住めなくなりそうだ。」と映像にかぶさる。ビジュアルは賀茂川川岸の桜並木を、川水面から撮っている。

京都最古の神社の一つでもある上賀茂神社の桜の土手を、日本中で「まねていること」が分かるのだ。この国に生まれ育った人には、共通に感じることのできるビジュアルである。

想いの文化的な深さ、多くの人と共有する広さ、そしてこの１９９５年のタイミング。どれをとっても「たかが広告」「きれいな桜」という領域で済まされない水準の広告表現がここにはあるのだ。

広告表現②　三十三間堂での気付き

１９９３（平成５）年には数多くの寺院が取り上げられた。その中で冬のテーマの一つが三十三間堂である。

先に見たように、日本の修学旅行は、明治政府以来の日本人のアイデンティティ教育の柱の一つであり、その目的地として京都を巡ることこそ岩倉具視以来の構想であった。とはいえ、筆者のように「いちばんの思い出は枕投げ。他はあまり覚えていない。」といった人も少なくないのが実情。普段は忘れてしまっているが、キャッチコピーによって微妙な思い出を思い起こさせるのが三十三間堂のポスターである。

この１００１体の千手観音が収められている建物は、正式名称を蓮華《れんげ》王院本堂《おういんほんどう》といい、全長約１２０ｍと木造建築物としては日本一の長さを誇る国宝建造物。内陣の正面の柱間が33あることから通称三十三間堂と言われている。

この建物の長さを現代のもので例えてみると、ＦＩＦＡに規定されているサッカーグラウンドの長さが最大１１０ｍであり、三十三間堂に近い。だから、もし現代の建築だったとしたら三十三間堂ではなく通称〝ピッチ堂〟と呼ばれていたかもしれない。

そういった長大な空間の左右およそ60ｍずつ、それぞれ５００体の仏像を写した難しい

1993（平成5）年冬「三十三間堂」ポスター
修学旅行のときは「仏様が一〇〇一体、それがどうした」って、かんじでしたが…。
帰ったら、なつかしい日本史の教科書「平安時代」のページでも、読んでみようかな。

ビジュアルがこのポスターのグラフィックである。このビジュアルは、修学旅行で三十三間堂を訪れた際の、堂を端から端まで眺め、その後に無数にある千手観音の一つを、仔細に観察するという淡い記憶を思い起させる。

テレビCMでは、ナレーターの長塚さんも息を呑む。しばらく無言なのである。「はあ〜〜〜っ……!、京都には、1200年分のびっくりがあります。」

ここで「びっくり」と言うが、1993（平成5）年当時にもそれなりの「びっくり」があった。前年には終わると思われていなかったバブルの崩壊がいよいよ認識され始め、38年間単独政権を維持し続けた自由民主党（自民党）政権が細川連立政権に交代して55年体制の崩壊と言われ、収益化の見通しがないためプロ化は難しいと言われていたサッカーJリーグが誕生したことなどが「びっくり」だった。そうした社会状況が前提にあり、その何十、何百倍の、京都の1200年分の「びっくり」に思い至るのである。

また、三十三間堂の歴史を見ていくと、後白河上皇によって1164（長寛2）年に創建されたが、約80年後に火災により焼失。その結果、三十三間堂の1001体の千手観音像の中には、創建当時の平安時代後期の作品と、再建時に新たに祀られた鎌倉時代の作品が混在することになった。124体は創建当時のもの、その他は鎌倉時代に再興されたものとされている。

後白河上皇は平清盛にこの三十三間堂を、仏像込みで〝プレゼント〟させたという逸話も残っている。簡単に〝プレゼント〟と言うが、漆や金工、宝飾木工など多くの異なる分野の職人を一度に動員し、1001体の像を期日までに間に合うように作らせたと考えれば、現代の建設会社が事前に行う工程の見通し、プロジェクト・マネジメントでも気が遠くなるだろう。例えば漆一つをとっても、何人の職人と何トンの漆をいつまでに北陸などの生産地から京都に集めて、何人を何日間作業にあたらせるか、といった力技を行ったのである。それがのちに京都の職人技の幅広いベースにつながり、他の都市とは圧倒的な差が生まれたことを歴史は教えるのである。

最高権力者である上皇と清盛が自分の権威を示すために、こうした職人を集め使ったことが分かると、1001体の仏像の見え方も大きく変わってくる。

修学旅行生は「スケジュール通り見て回る」にすぎないが、大人はこうした理解があって驚くことが可能である。初めて乗るアトラクションのような分かりやすい驚きではない、日本人の大人の驚きはこうした知識の前提もあってのことなのだ。

視覚的な驚きだけではなく、そうした歴史・背景にも驚くことができる年齢になって、再度三十三間堂に誘うような広告なのである。

広告表現③　明治の国家プロジェクト平安神宮の近代的な桜物語

平安神宮は、日本の威信を示すため、794（延暦13）年の平安京創建から1100年の節目に行われた1895（明治28）年「第4回内国博覧会」の記念碑である。したがって、スサノオノミコトを祭神としていたり、平安時代の藤原一門を氏神としたりする神社などとは根本的に違っている。明治期を知る人たちは、平安神宮に他の神社とは異なったイメージを抱いていたに違いない。

東京の御所は江戸城を再利用したもので、本格的な内裏《だいり》ではないので「東の京都は都ぬき」と当時の京都人は揶揄したとされるが、天皇は東京に行ってしまった。天皇家や貴族に仕えるあまたの職人や商人も京都を離れたことで、明治初期には京都は相当さびれ人口も激減し、お先真っ暗だったのだ。

このときの、京都人のスローガンに「第二の奈良になるな」という言い方があったという。平城京廃都後、田んぼになってしまった奈良のように、この京都の地をおとしめてはならないという強い思いが込められたそんな言い方だったのだ。

明治天皇はもちろん、岩倉具視など京都にゆかりのある政権幹部も、京都の寂れ方に心を痛めた。その流れから、本書冒頭でも述べた東山や北山の国有林化、周囲の寺社への援助にもつながるが、琵琶湖から疎水をひいてきて、物流や交通の装置にし、水力発電も行って、日本で初めての電車を走らせるなど、とにもかくにも京都の地域振興に向けた多大な知恵と工夫が国家プロジェクトとしてなされたのだ。

1895（明治28）年に平安遷都1100年記念と銘打って開催された「第4回内国勧業博覧会」もその一環で、第3回までの会場であった東京を初めて離れ、それまで行われていたが今一つ盛り上がりに欠けていた「京都博覧会」とも合催する形で行われた。平安京を定めた桓武天皇を祭神にした、それ以前にはなかった博覧会のメインパビリオンの神社が、平安神宮なのである。

平安神宮の社殿は、桓武天皇が開いた当時の平安京の正庁である朝堂院《ちょうどういん》を約８分の５の規模で再現した、いわば模造品である。その証拠に建物の二階三階にあたる部分は朝堂院の左右の翼に白虎楼、青龍楼として作られているが、よく見れば小さすぎて楼から外が望めないミニチュアであることが分かってしまう。

本殿の前の広大な空き地も、他の神社建築にはありえない。中国の天安門広場のように、人がパレードしたり、出店を出したりするためのスペースなのである。そんな敷地がもし他の一般の神社にあったとしても、時とともに民家や旅館、料理屋、土産物屋などになったに違いないのだ。

琵琶湖疏水完成もこれに間に合わせたので水をひくことも可能になり、平安神宮北側には、当時最高の和風庭園の池泉回遊式庭園「神苑」が広がっている。この神苑には日本でもっとも有名なしだれ桜がある。そしてこのしだれ桜は多くの文学作品の舞台としても描かれている。

造園完成からいまだ28年というタイミングで、関東大震災にあった谷崎潤一郎が関西に移住してくる。谷崎によって関西を舞台に、数多くの日本近代文学の珠玉の作品群が戦後にかけて書かれることとなったが、その一つ『細雪』のハイライトに、神苑での花見の場面が出てくる。

> 今年はどんな風であろうか、もうおそくはないであろうかと気を揉みながら、毎年廻廊の門をくぐる迄はあやしく胸をときめかすのであるが、今年も同じような思いで門をくぐった彼女達は、忽ち夕空にひろがっている紅の雲を仰ぎ見ると、皆が一様に、
> 「あー」
> と、感歎の声を放った。
>
> 谷崎潤一郎『細雪（上）』新潮文庫、２０１１年新版、１７８－１７９頁

美しい四姉妹が、年に一度揃って「今年はどんな風であろうか」と京都に見に来る。しだれ桜は、ソメイヨシノよりもやや遅咲きなので「もうおそくはないであろうかと気を揉

みながら」「あやしく胸をときめか」せて見に行くものなのである。昭和初期の戦乱前のほんのひとときの平和で豊かな時に、神苑で並んで歩く和装の四姉妹が目に浮かぶようである。

昭和期を代表する文豪で谷崎と並び称された作家が川端康成である。日本人初のノーベル文学賞作家でもある川端の代表作の一つが『古都』。当然この古都は京都である。もとは、1961（昭和36）年の『朝日新聞』の連載小説で、毎朝、京都の名所旧跡を紹介するかのような作品だったという。この主人公のデートの一節は、当然存命だった谷崎を意識せざるを得ないが、あえて選ばれたのが平安神宮神苑である。

> みごとなのは神苑をいろどる、紅しだれ桜の群れである。今は「まことに、ここの花をおいて、京洛の春を代表するものはないと言ってよい。」
> 千重子は神苑の入り口をはいるなり、咲き満ちた紅しだれ桜の花の色が、胸の底にまで咲き満ちて、「ああ、今年も京の春に会った。」と立ちつくしてながめた。
>
> 川端康成『古都』新潮文庫、2022年新版、12頁

2015（平成27）年春「平安神宮」ポスター
美しい桜に出会おうじゃないですか。この一年を前向きに生きるためにも。

「そうだ 京都、行こう。」の2015（平成27）年の平安神宮のポスターは、このような昭和までの常識を踏まえて、神苑のしだれ桜が本歌取りされている。

2014（平成26）年は消費税が5％から8％に増税された年である。物価も上がらない代わりに賃金も上がらず、伸び悩んだ20年はその後「失われた30年」と呼ぶようになるが、まだこの頃は「失われた20年」という言い方が多かった。そこへ追い打ちをかけるような消費税増税だった。

日常の様々な嫌なこと、悩み、気掛かり、場合によれば恨み、つらみ、いさかいといったことを、『細雪』では、ともかくも置いておいて、この桜を一緒に見に行くことを四姉妹はちいさな自分たちの約束、しきたりにしていた。『古都』では、千重子はもうひとりの自分という、まだ見ぬ水面下の無意識のような双子との出会いを知らず、20歳の春の下のデートにいまだ浸っている。

その同じ神苑のしだれ桜を映した2015（平成27）年の平安神宮ポスターには、「美しい桜に出会おうじゃないですか。この一年を前向きに生きるためにも。」とコピーが紹介される。明治の最高水準の日本庭園作庭と言われる神苑。そのメインディッシュであるしだれ桜は様々なことを忘れさせる威力を持つ。そんな威力を感じさせるのが、この年の広告であった。

広告表現④　700年門を閉じていた泉涌寺の深さ

今更ながらであるが、神社はパブリックなもの。もともと村の鎮守がそうであるように、誰もが等しくいつでも出入りできるところだった。お賽銭は参拝者誰もが投じることができる。

それに対して、仏教寺院は基本私的なものである。現代でも檀家のものだし、「檀信徒」という言葉があるように、それ以外の人にはあまり関係のない場所なのだ。京都の多くの仏教寺院が観光寺院になっているのはたまたまのことであって、「檀信徒以外の方のご参拝はご遠慮ください。」と門に掲げるのは、その寺院の判断であり寺院の勝手である。これは神社では考えられない。

明治の廃仏毀釈以前、長い歴史の中で神道と仏教が融合していたのは、もはや我々日本人の常識ともなっている。八幡宮（神社）は、今は融合して語られるが、もとはバラモンというインド伝来の仏教であり、七福神の中のイザナミを先祖にする恵比寿天以外は、もとは日本由来ではなく、外来の仏教に起源を持つ。それを分けたのが明治の近代法制度、政治制度なのである。

このように、明治期の神仏分離令と、その後の第二次世界大戦に向かう神道の愛国心教育への利用の残滓によって、仏教寺院と神社の区別は現代社会において明確である。なかなか神式の葬儀はなされないし、一般に「神道では死は穢れ」であり、墓は仏教寺院にあるのだ。

いつから始まったかはともかく、今に至るまで「天皇家は神事を行う」とされる。即位の礼の前には大嘗祭《だいじょうさい》という代替わりの神事を行い、毎年新米が獲れれば新嘗祭《にいなめさい》を行う。それらは、身を清め、密室で、夜中に、神と天皇が向かい合って執り行われる。現在の行政の中でも、この皇室の神事は憲法に定める信教の自由との関係もあって、内廷費と呼ばれる私費で賄われ、支出されたものは公金ではないことになっているのである。

このように、神と天皇には深いつながりがあるが、一方で歴代の天皇は位牌を持つように、仏教とのつながりもある。

その天皇の位牌が集まるのが、1998（平成10）年のポスターにもなっている泉涌寺である。実は南北朝以来の皇室との関係を持つのがこのお寺である。

コピーでも語られている通り、泉涌寺は700年門が閉ざされていた、ある種秘された寺であった。歴史的には泉涌寺と並んで般舟院というもう一つの天皇家の菩提寺があった。ところが、1730（享保15）年の西陣焼けで焼失、その後明治維新後の神仏分離令により、皇室からの下付金がなくなったことなどにより衰微、1870年代には廃寺となっている。

もともとは皇室歴代の尊牌を安置していたのは、実は格上とも見なされていた般舟院の方だったが、その維持も難しくなった1871（明治4）年に、尊牌は泉涌寺へと渡る。土葬である歴代天皇の墳墓を持っていたこととあわせて、泉涌寺は唯一の皇室の菩提寺となったのだった。

1998（平成10）年盛秋「泉涌寺」テレビCM
この仏さまは、唐の時代の楊貴妃観音像です。皇室の菩提寺であるここ泉涌寺で、なんと七百年もの間、人目を避けて暮らしてこられました。武士たちの歴史ではない、もう一つの日本史が、ここには隠れているんでしょうか？

明治期、この流れとは別に廃仏毀釈がなされて、天皇家の寺院参拝が泉涌寺に一括され、言わば黙認されて今に至っている。

その寺にある39の陵墓の歴史を見ると、神道や仏教だけでなく、宋風儀礼や儒教朱子礼制なども皇礼祭祀となっていることがうかがえる。仏教と神道だけではない、つまり我々が持つ単純な神社と寺の二つの習合ではない、日本の宗教の複雑さが確認される。

1998（平成10）年のナレーションでは、楊貴妃観音像がテーマであることを言う。遣唐使の行き先だった宗主国・唐の皇帝に起源がある宝を持つのは、やはり皇室の寺だからだ。

ここに、気の遠くなるほどかなたまで続く社会の奥深さが象徴される。

広告表現⑤「天皇を教え、国を守る」という意味を持つ東寺の圧巻

東寺こと教王護国寺は、796（延暦15）年に創建された京都の歴史と文化を象徴する重要な寺院である。西寺とならび、平安京の設計時から右京と左京を守る王城鎮護の寺、さらには東国と西国を守る国家鎮護の寺として建立された官立の寺院。そういった意味では、他の寺院は基本碁盤の目の「条坊制」の外なのである。平安遷都の少し前の769（神

護景雲3）年には道鏡による皇位簒奪未遂事件（宇佐八幡宮神託事件）が起こるなど、政情不安が募っていた。そのような情勢を払拭するために、桓武天皇は平城京の寺院を平安京へ移転するのではなく、新たに寺院を建立したのだった。

東寺の魅力の一つとして、やはり五重塔という美しい建築が挙げられる。平安京の最盛期には、京都各地の寺社に五重塔と七重塔が数多く存在していたが、具体的な数の記録は残念なことにない。五重塔については、例えば本圀寺、西寺、法住寺、妙顕寺などにも存在したといわれる。また七重塔については、相国寺の七重塔は高さ360尺（約109m）とされ、記録から知られる日本建築史上もっとも高い木造の塔だったとされる。しかし、木造の五重塔や七重塔の多くは火災や自然災害、戦争などで失われ、現在ではその全貌を知ることは難しい状況だ。

ただ、これらの塔がかつて並び立っていたことで、その壮大さと美しさで平安京の風景を特徴づけ、都市の象徴ともなっていた。8世紀から11世紀という大昔に、仏教塔がいくつも目に入る光景は、平安京がいかに栄えた都市であったかを物語り、現代で例えればタワー型の高層ビルがいくつも建つ、文化文明のある地に見えたことは間違いないのだ。なおかつそれらの塔は「仏舎利」と呼ばれる、釈迦の遺骨を納めたもの。そんな凄まじい法力を感じさせるタワー群でもあった。

そんな当時の平安京を思わせるのが、東寺の五重塔である。平安京時代から現代に残る遺構として国宝に指定されている日本最古の木造建築物の一つであり、高い木造建築物でもある。現在に至るまで京都のランドマークともなっているのである。

また、歴史的な魅力という観点では、空海の存在が大きい。８２３（弘仁14）年、唐で密教を学び帰国した空海（弘法大師）は、嵯峨天皇から東寺を下賜されると、真言密教の根本道場とした。これにより、東寺は官立寺院であるとともに、真言密教の根本道場となった。

空海は東大寺の別当（トップ）を４年間務め、東大寺境内に真言院を建立するなど、華厳の伝統を生かしつつ、東大寺に密教的要素を加えていった。これらの影響は現代まで受け継がれている。空海の晩年には、高野山金剛峯寺へ身を移したが、その際に詠んだ歌が「身は高野 心は東寺に おさめをく」である。

そして、東寺の風景という魅力は季節ごとの変化によって引き立てられる。特に冬の東寺が、その静寂と美しさで訪れる人々を魅了するのもゆえあることなのだ。雪に覆われた風景が美しく、神秘的な雰囲気を醸し出す。雪が積もった五重塔や寺院の庭園は、まるで絵画のよう。特に、夜間のライトアップは、雪景色を幻想的に照らし出し、訪れる人々に深い

1995（平成7）年冬「東寺」テレビCM
五重塔だけ見て、安心してはいけません。ここは密教の入口。言葉では、その教えを伝えられない、秘密の仏教だそうです。ブルッときました。寒さのせい、ばかりでもなさそうです。

感動を与えるのである。

また、冬は観光客が少ないため、静寂な雰囲気をより深く味わうことができる。寺院の中を歩きながら、雪の音や木々のざわめきを聞き、自然と一体になる感覚を味わうことができる。

１９９５（平成７）年の「そうだ 京都、行こう。」テレビＣＭに言うように、東西どちらから新幹線で来ても、京都と分かる目印であり、京都のランドマークである東寺の五重塔は、平安京造営以来京都の入口だが、空海に下賜されて以降「密教の入口」にもなった。密教とは「言葉だけでは、その教えを伝えられない、秘密の仏教」。空海の教えは「秘密」。それがここにはある。「ブルッときました。寒さのせい、ばかりでもなさそう」なのだ。

かつての文化文明の都・平安京を思わせる五重塔、空海と密教という歴史の重み、そして東寺がとりわけ魅力を持つ冬という季節。この3つの要素が混ざり合うかのようにして、この年の広告表現が形作られているのである。

部分の和は全体にはならない

さて、五つの事例をもとに「そうだ 京都、行こう。」の広告の輪郭を説明した。とはいえ、その広告手法を充分に説明できたとも言えないのである。なぜならば、各々の広告表現が優れているというだけでは、全体として優れた広告になるわけではないからである。

ここで、ちょっと唐突だと思われるかもしれないが、例えを映画に見てみたい。世に出るコンテンツ、クリエイティブとしては、映画と広告は組織が制作するという点でも近いものがある。

先に触れた川端康成の小説を原作に、1980（昭和55）年に制作された映画『古都』（東宝）は、あらかじめ凄い映画だ、動員間違いなし、という触れ込みで制作された。当時の作家の社会的ステータスは今は考えられないほどに非常に高かったが、その頂点にいたのが川端である。

この1980（昭和55）年のものは、当時人気絶頂のアイドルで女優の山口百恵が引退する直前の最後の出演作品となった。共演は結婚予定が公にされていた三浦友和で、当時は何本も映画やCMを共演し続けていて、大人気だった。

そして内容も、京都各地の名所や史跡、年中行事が盛り込まれ、生き別れた瓜二つの姉妹が、北山杉で有名な北山や祇園祭りの宵山で出会うということから山口百恵の二役。奇しくも映画デビュー作が同じ川端原作の『伊豆の踊子』であったことも、多くのファンには百も承知であった。主題歌ももちろん山口百恵。PRのために公開されたメイキングやロケ風景を見ると、黒山の人だかりの観客がいたことからも期待がうかがえる。

監督は市川崑。その時点までカンヌ国際映画賞を3度受賞、他にも国際的な賞もたくさん取って名高く、広告も手掛け、ディスカバー・ジャパン（日本国有鉄道、1971年）、サントリーオールド（サントリー、1977、1980年）など、一流の監督である。

つまり、当時、これより上はない原作、主演、タイミング、監督という映画で、前宣伝も大々的になされたが、結果、期待されたほどの成功を収めることができなかった。ことクリエイティブな世界の作品とは部分の和＝全体にはならないのである。

では、「そうだ 京都、行こう。」の全体はどのように形作られているのか。

自然と調和する京都の街を見て心の平穏を取り戻したり、忘れていた日本人の知恵を知り幸福を感じたりと、京都という街を通じて多くの人が見たいことは多い。そういった我々が見たいものを見せることで、京都を今の自分にとって必要な、価値ある場所と思ってもらう。こうした考えが前提にあるのではないだろうか。これは第４章で詳しく述べる「広告企画」にも関係してくるが、要するに、全体を形作るしっかりとした計画・企画が前提にあるからこそ、ただの表現の和では済まされない広告となっているのだ。

その結果として、「そうだ 京都、行こう。」の広告は、その場にいるかのような印象を受け手に与える。実際に観光地に行くといった実体験にはかけがえのない価値がある。実際にその場に行くと、目の前にあるものだけでなく、それ以上に何かを深く感じることがある。行ってみて初めて感じられることを言葉にしたキャッチコピーに、行く前からそこへ誘うビジュアルが重なる。よく考えてみれば、行かないと分からないことが、ビジュアルと同時に語り掛けるのは、矛盾と言えば矛盾であるが、この矛盾をも違和感なく吸収し、全体として成立しているのが「そうだ 京都、行こう。」なのである。

第3章

時代ごとに「見たいものを見せてくれる」

前章で「そうだ 京都、行こう。」の広告表現を見てきたが、広告表現が優れていることだけでは長く続いてきた理由の説明としては不十分である。長く続いてきた他の理由として、時代ごとに「見たいものを見せてくれている」ことが重要であることを挙げる。

他の広告を例に見ると、フランスの映画俳優で世界一の美男と言われたアラン・ドロンは、日本では紳士服ブランド「ダーバン」の顔として一躍有名となった。スーツは、当時まで地元の商店街にあった仕立屋で一着一着採寸してもらって、オリジナルにあつらえるものだった。それが、既製服となってマス・プロダクト（大量生産）になったのが、１９７０年代である。

彼はテレビＣＭでフランス語のセリフ「D'urban, c'est l'élégance de l'homme moderne」と言う。もちろん、日本人のほとんどの視聴者には意味が分からなかっただろうが、「ダーバン、それは現代の男のエレガンスだ」と言っていた。多くの日本のサラリーマンはダーバンを百貨店で買って、あたかも「アラン・ドロンになったかのような気分」に浸った。これを着ていれば恥ずかしくない、と。

おそらく、団塊の世代、戦後のベビーブーム世代は、その需要を支える大きなマーケットだったし、商店街の紳士服仕立てのキャパシティを超えていたのかもしれない。いずれにせよ、背広がスーツになって、買う場所、買い方、買いたいこと（イメージ）の大転換を起こしたのだ。そのテコになったのが、若い日本人ホワイトカラーが見たかったことである「世界一の美男が着ているダーバン」「恥ずかしくない初めてのスーツ」だったのである。

長く続くためには必要な、「見たいものを見せてくれる」という関係は、映画においても同様である。例えば、50作品ある『男はつらいよ』シリーズでは「損得抜きの善き人間関係」、22作品ある『釣りバカ日誌』シリーズでは「サラリーマンとしての人間関係以前の友情」と、その当時では失われた大事なものを描いているからこそ、長らく見られ続けられ、ロングシリーズ化したのだ。その時代の日本社会にとって大切なメッセージをテーマとして発したからこそ、高い評価を生んだのである。

もう一つ言及したいのは『ゴジラ』シリーズである。

『ゴジラ』シリーズは先の『男はつらいよ』と『釣りバカ日誌』にもまして、2023（令和5）年公開の『ゴジラ−1.0』まで、海外制作やアニメを除いても30作を数えるシリーズ映画である。この『ゴジラ』シリーズの中で日本人が見たいことを一言で表すと。「原子爆弾・核兵器が生物に及ぼす被害の恐ろしさ」である。第一作公開の1954（昭和29）年当時、第五福竜丸事件が起きた直後であった。第五福竜丸事件とは、ビキニ環礁近海で操業中に水爆実験の放射性降下物（死の灰）を浴び、乗組員23名全員が被爆、急性放射線症状を呈した。その後、乗組員の一人が放射線症状の悪化により、約半年後に死亡するという痛ましい事件であった。この事件は、日本国内外で大きな反響を呼び、反核運動の高まりにつながった。唯一の戦争被爆国であることを日本人は、占領下報道規制が掛けられていたためにあまり知らされず、多くの人にとっては、そのことは意識の下に沈んでいた。

しかし、1951（昭和26）年に終わった占領後、報道規制もなくなり、広島や長崎の当時の悲惨さや死者・被爆者が遅れて広く知られることとなった。放射能被爆という人体に決定的な被害をもたらす問題は、6年の時差もあり日本社会にとって、あたかもトラウマのように感じられることとなったのである。

東日本大震災による福島第一原子力発電所の事故もそれにつながる。日本社会にとって、過去のことばかりではなく、今後も知りたいこととは「はたして原子力とはどのような被害をもたらすものなのか」なのである。ゴジラの連作はそのこと抜きには理解できない。

翻って、アメリカ合衆国においては、地球外生物（エイリアンである）が繰り返し様々な映画となって制作され続け、人類の代表国としてそれらといかに戦うかが常に「見たいこと」であることと、対照的でもある。

長く続いている広告や映画の例を見てきたが、ここからは、「そうだ 京都、行こう。」の広告がいかに時代を捉え、「見たいものを見せてくれている」かについて述べていく。

キャンペーン開始の１９９３（平成５）年は「雅子妃（現皇后）決定」の年

「そうだ 京都、行こう。」の開始当初の１９９３（平成５）年最大のニュースは「小和田雅子さん、皇太子妃に決定」というものである。新聞、雑誌には「出会い」「決まるまでの隠密デート」のことや「小和田雅子という人の履歴」、また「１００人を超える消えたお妃候補」などという見出しが躍った。もちろん、テレビの情報番組は軒並み連日取り上げることとなった。

何が人々の関心を呼んだのかというと、雅子令和皇后の20代の容姿はもちろんなのであるが、その履歴である。帰国子女でハーバード大学入学、卒業後は東京大学法学部へ学士入学、在学中に外交官試験に合格し、大学を中退して外務省入省するといった輝かしい経歴に、人々の関心は引き寄せられた。

当時日本語になっていた「キャリア・ウーマン」の中でもこれだけきらびやかな経歴を持つ人はいないであろうし、もしいたとしても日本中を探しても片手で数えられるくらい

1993（平成5）年秋「清水寺」ポスター
パリやロスにちょっと詳しいより京都にうんと詳しいほうがかっこいいかもしれないな。
外国のビジネスマンって、けっこう京都のことよく知ってたりするんだよな。

だろう、ということへの驚きである。

この1993（平成5）年の秋に「そうだ 京都、行こう。」キャンペーンがスタートする。一番初めに取り上げられ、このキャンペーンの方向を決定づけたのが清水寺とこのキャッチである。

当時の雰囲気や文脈を踏まえて「パリやロスに……」とひとりごつ。

すでに述べたようにこの時代は日本人の海外観が変わった頃だった。昭和の終わりからの円高によって海外旅行が人気となり。パリやロスにちょっと詳しいOLが毎年、ゴールデンウィークや夏休み、正月といった長期休暇の度に増えていた。

世界が「ジャパン・アズ・ナンバーワン」と見始めたのである。例えば、次のような日本企業によるアメリカ企業買収も、日々報じられた。

パナソニック：米ユニバーサル（旧MCA）を61・2億ドル（7836億円）で1990（平成2）年11月に買収。

ソニー：米コロンビア・ピクチャーズを48億ドル（6700億円）で1989（平成元）年9月に買収。

ブリヂストン：米ファイアストン（ファイヤーストーン）を26・0億ドル（3360億円）で1988（昭和63）年2月に買収。

セゾングループ：英インターコンチネンタル・ホテルを21・5億ドル（2780億円）で1988（昭和63）年10月に買収。

ソニー：米CBSレコードを20・0億ドル（2710億円）で1987（昭和62）年11月に買収。

これらの買収は、日本企業がその潤沢な資金力を背景に、M&A（合併と買収）で世界に打って出た時代を象徴した。三菱地所の米ロックフェラー・グループ（あのニューヨーク、マンハッタンのロックフェラーセンター）を8・5億ドル（1200億円）で1989（昭和63）年10月に買収したときには「アメリカの魂」を日本が買ったと言われたほどだった。

円高は、全体としても恐ろしいほど日本を大きく見せた。1980年代後半の日本のバ

1989（平成元）年と2024（令和6）年の世界時価総額ランキング

1989年				2024年（1月9日時点）		
企業名	国名	時価総額（億ドル）	順位	企業名	国名	時価総額（億ドル）
NTT	日本	1,639	1	Apple	アメリカ	28,860
日本興業銀行	日本	716	2	Microsoft	アメリカ	27,848
住友銀行	日本	696	3	Saudi Aramco	サウジアラビア	21,856
富士銀行	日本	671	4	Alphabet	アメリカ	17,589
第一勧業銀行	日本	661	5	Amazon.com	アメリカ	15,408
IBM	アメリカ	647	6	NVIDIA	アメリカ	12,906
三菱銀行	日本	593	7	Meta Platforms	アメリカ	9,217
Exxon	アメリカ	549	8	Berkshire Hathaway	アメリカ	8,009
東京電力	日本	545	9	Tesla	アメリカ	7,644
Royal Dutch Shell	イギリス	544	10	Eli Lilly and Company	アメリカ	5,943

フォースタートアップス株式会社「2024年世界時価総額ランキング。グローバルのトップ企業と日本勢の差はどれくらい？」（https://journal.startup-db.com/articles/journal-startup-db-com-articles-marketcap-global-2024）を基に作成。1989年のトップ50には日本企業が32社ランクインしていたが、2024年では日本企業はトヨタ自動車のみがトップ50へのランクインとなった

ブル期には、東京都の山手線内側の土地価格でアメリカ全土が買えるという推計結果が出るほど、日本の土地価格は高騰した。この事実は、当時の日本の経済状況と土地価格のバブル化を象徴していた。

1986（昭和61）年には「男女雇用機会均等法」の制定があり、女性に対する見方の転換点でもあった。このタイミングで世界に通用する日本人、小和田雅子の登場である。その一番とんがった人が皇太子に見初められ、平安時代で言えば「入内《じゅだい》」したのである。

この年の「そうだ 京都、行こう。」は、当時の日本への見方、そして日本人（とりわけ女性）への見方を、日本の心の原点で

ある京都を舞台に表現したと言っていい。

当時のわれわれが見たかったこととは、最高の日本人が、世界でトップとなってどのように日本に戻ってくるのか、何を思い、何を選ぶのかだった。パリやロスのセレブや映画スターとは結婚しなかったのである。

比叡山延暦寺は自然との調和を見せてくれる

突然だが、京都は暑い。それは地球温暖化のせいでもあろうし、コンクリートとアスファルトがもたらすヒートアイランド現象もあろう。そして、何よりも京都は盆地である。したがって、京都の夏の暑さはべらぼうである（もっとも「べらぼう」は江戸言葉だそうだから、言い換えれば、京都弁では「度を超しとる」か）。

京都の人は、今出川より北では、雪が積もると言ってきたようだが、今や、温暖化によって、年ごとに１㎞、数百ｍという単位で降雪の北限が後退しているのだ。

筆者自身、糺の森の古本市に行こうとして、京阪の地下駅である出町柳駅で降り、夏の盛りの地上に出て、くらっとするほどの暑さを感じた記憶が今もある。人のいる建物はすべて空調が付いており、室外に放熱される熱の量も非常に多い。信号がなかなか変わらず、

2014（平成26）年初夏「比叡山延暦寺」ポスター
京都の町の匂いは、この山からもらってできているみたいだ。

糺の森の方へ道路を渡れないで、炎天下で待たなければいけない破目になる。

気温が35度であってもアスファルトに近い地面近くはもう10度か15度か温度が高いとも言われ、そう長くはいられない状態である。ドライヤーで熱風を吹き付けられているような、低い温度のサウナに入っているような状態と言っても決して言い過ぎではないのだ。

ここは、下賀茂神社の最南端でもあるけれど、比叡の山すそでもある。

２０１４（平成26）年のポスターがこれである。

信号が変わって、糺の森に一歩足を踏み入れて驚愕である。

体感として、10度以上、ひょっとしたら20度は違う。嘘のようだが本当である。比叡山麓《ふもと》のこの空気は、温度、紀の森は自然林なので、生物の相まで違う都会には珍しい森。比叡山は京都の北東ににおい、成分まで違うと言っても過言ではないのだ。平安京以来、そういうスピリチュアあたる鬼門だから、国が延暦寺を置いて悪霊の侵入を防いでいた、自然と人の生活を中心とする文明が、高ルな場所でもある。世界文化遺産とはこうした、そのことにも選定理由があるのであろう。いレベルで調和している、

ここを訪れると、いかにわれわれは過酷な夏を過ごしているのかがよく分かる。このことは、ＳＤＧｓがなぜわれわれを突き動かすようなモチベーションを持つ場合があるのかということと、実は根っこでつながる。自然との調和を欠く文明への批判こそが、われわれが「見たいこと」なのである。

話はややそれるが、日本のツバメの個体数が20年で４割減少したという観察結果も報告されている。スズメも同様に報じられる。餌にしているハチ、ハエ、カゲロウ、小型のチョウなどの飛翔性昆虫が減少していることが最大の理由とされているが身近な虫の数が減ったのは都会だけではなく、昆虫の３分の１が絶滅危惧種とも言われている。ツバメが飢えて減っているのは、明らかにヒトにとっても生きにくい環境の何かが進行していることをよ

り感じさせる。

2014（平成26）年のポスターに言う、比叡山の空気とは、あるときにはフィトンチッドと呼ばれ、微生物の活動を抑制する作用をもつ、樹木などが発散する化学物質が、森林浴として人間も浴びるべきであると言われたものを当然含む。またあるときには、ブームともなったマイナスイオンもその類である。

自然と人間の関係は、かつては食物連鎖というシンプルな理解だったが、生態学やエコシステムといった知識とともに、近年では複雑な共生というイメージが一般化した。過度に除菌や殺菌をすることで、かえってアトピーを発症するなど、人々にとって望ましい環境を作ろうとする努力が、むしろ自然との共生を妨げているという理解にもつながる。

自然との共生に苦労する人間に対して、自然との調和という理想をこの年のポスターは見せてくれているかのようである。


震災の年に伝えたいメッセージを感じさせる本願寺

東本願寺の御影堂《みえどう》の内陣・外陣に敷かれた畳は京間《きょうま》と言われ、東京で一般的な江戸間《えどま》や団地間《だんちま》よりも、一畳一畳が大きい。その畳が927畳、1700㎡の広さに敷き詰められている。この広さを分かりやすく例えると、野球のホームベースから1塁2塁3塁で囲まれた面積の2倍以上、バスケットボールコート約4面、テニスコート約6・5面分に相当する。この広大な、日本最大級の畳敷きの大広間は、信徒数日本一の浄土真宗の大本山にふさわしい。

浄土真宗の宗祖は親鸞である。親鸞の教え、「善人なおもて往生す、いわんや悪人をや」は、浄土真宗の教義の中心的なメッセージであり、善人も悪人も皆が阿弥陀仏の救済を受けることができるという考え方を示す。

ある浄土真宗の僧侶が、善人も悪人も皆が来世で成仏できるとは、現代的な言葉で言うと「人生勝《か》ち確《かく》」、すなわち勝つのが確実だと説教の中でおっしゃったのを耳にしたことがある。もちろん、親鸞の教えは、物質的な成功や個人的な達成ではなく、人間の罪深さを認識しつつも阿弥陀仏の救済があるという信仰を強調する。

たしかに、そもそも本願とは「すべての人を救済したいという仏の願い」である。その浄土真宗の僧侶の方が、現代の一般人に分かりやすく「勝ち確」というのは結局は正しいのだ。

この考え方は、それ以前の仏教の中心的な考え方、天台宗や真言宗とは大きく異なる。

2011（平成23）年夏「本願寺界隈」テレビCM
「子どものために」と出かけた旅であっても、この町からは、親もたくさんのヒントをもらうことができます。「自分さえよければいい…なんてワケがない」とか、「あきらめないことは、カッコイイぞ」とか。今年の夏休みに聞く親のコトバは、きっと子どもを強くする。だって、この町の過去は、君たちの未来のためにあるのだよ。

なぜなら、天台宗の場合、比叡山での千日回峰行《せんにちかいほうぎょう》という厳しい修行が７年間にわたり行われる。１年目から３年目までは、毎年１００日間、１日に30kmの行程を歩く。４年目と５年目は、それぞれ２００日間、同じく30kmを歩く。これら７００日の修行を終えると、９日間の断食・断水・不眠・不臥の「堂入り」に入り、不動真言を唱え続けて、ようやく、阿闍梨《あじゃり》になれるのである。阿闍梨とは、密教における僧侶の資格を持つ者で、特に教義を伝授する僧のことを指す。親鸞もこの阿闍梨である。

こうした厳しい戒律で成り立つ秩序を無視して「念仏だけ唱えれば、誰でも極楽往生に行ける」というのは、当時としては画期的な話であった。当然凄まじい軋轢が新旧仏教間であったことは想像に難くない。

それでも、現代で言う「人生勝ち確」と親鸞の教えを比較してみると、そこには「人間の完全性や成功ではなく、人間の不完全性を受け入れ、それにもかかわらず救済があるという確信」という共通点があると解釈できるかもしれない。

２０１１（平成23）年のテレビＣＭでは、本願寺とともにこの親鸞の教えが取り上げられているとも考えられる。この年は東日本大震災の年でもある。12都道府県で、もちろん何の罪もない２万２３２５名の死者・行方不明者が出た。この時期には、多くの人が不完全にもかかわらず救済があるという確信を以前よりも強く求めていたのは間違いない。

コピーで直接この教えに触れられているわけではないが、この年に本願寺を選んだことにも、こうした意図が隠されているのではないだろうか。

「京都」が架けた嵐山・渡月橋

嵐山の渡月橋は、京都市の桂川（大堰川）に架かる美しい橋。最初にこの場所に橋が架けられたのは9世紀とも言われ、その歴史は非常に古く、多くの伝説と共に語り継がれる。

「渡月橋」という名前になったのは、亀山上皇が丹朱を塗った美しい橋が水に映る姿に見惚れ、「満月の渡るに似ている」と詠んだことからだと一般的に言われている。これが13世紀か14世紀。あるいは、夢窓疎石《むそうそせき》が１３４５（康永４）年に天龍寺を創建した際に「度月橋」と記したのが、今日の渡月橋の起源だとする説もある。

現在の位置に橋が移動されたのは、江戸時代の豪商、角倉了以《すみのくらりょうい》によるものとされ、それが17世紀。そして、現在使われている橋は１９３４（昭和９）年に完成したものである。

渡月橋には、「橋を渡るときに振り返ってはいけない」という伝説があると言われる。これは、子どもが13歳になったときにするお祝い・お参りである「十三まいり」に関係する言い伝えに由来する。

十三まいりで有名なお寺に「法輪寺」があるが、9世紀に清和天皇が法輪寺に十三まいりに行ったのが発端。帰りに渡月橋で振り返ってしまうと、「虚空蔵菩薩から授かった知恵

1995（平成7）年夏「渡月橋」ポスター
ここに、こういう橋を持ってくるところが、京都なんだな。
平安の貴族たち公認の避暑地に、おじゃましています。

が戻ってしまう」ので、渡月橋で振り返ってはいけないとなったとのことである。

夏は深緑が美しく、桂川の清流と共に涼しげな風景を楽しめる。渡月橋の上から眺める風景も素晴らしいが、河原のほとりに立ち、渡月橋・嵐山・大堰川（桂川）を一度に目の中におさめるのも、映える風景なので、今ではインバウンド観光客にも人気である。

1995（平成7）年のポスターがこれである。

「ここに、こういう橋をもってくるところが京都なんだな」とは、奥行きのあるコピーである。なぜならば、「もってくる」のは誰なのか、判然とはしないからである。もちろん字面は「京都」が主語である。しかし、京都には意思も、判断も、行為もない。

「誰」が京都なのかというほのめかし。

京都の歴史、その時々の権力者とその財力の大きさ、橋を架ける場所、架けた後の風景をデザインするアイディア、風雪に耐えて今に至る時間の流れ、そして橋を愛でて支え続けた多くの人々が、まるで一体となって「京都」と語られているのである。

そのような考えで橋を見てみると、信仰を持たない者も大きな何かの一部となったように感じ、一瞬くらっとするのではないだろうか。

タイムマシンのような伏見稲荷大社の一万基の鳥居

伏見稲荷大社はたくさんの鳥居で有名であるが、全国3万2000の稲荷神社の総本宮であることにも驚きである。菅原道真の怨霊を慰める天神宮が1万2000社というから、3万2000という数字の大きさが実感できる。

この多さの理由は、約3000年の間、稲作を中心に社会をなしてきた日本社会の、最も重要な価値である豊作を祈る「五穀豊穣」を司るのが稲荷である、という説が一般的だ。加えて、空海が東寺の五重塔を建立する際の木材として、稲荷神社の神域の木材に頼ったために、あまたある空海伝説に関連付け、結果多くなったとの説もあるようだ。

トリップアドバイザーの京都観光スポットのナンバーワンにも挙げられる、この鳥居を通る体験は、インバウンドの混み具合がすごいが、「そうだ 京都、行こう。」の広告でも1993（平成5）年、2012（平成24）年と2度取り上げられ、その「時間」との関係が各々語られている。伏見稲荷大社には、鳥居の寄進・奉納者が当然ながら数多く、中でも有名な「千本鳥居」はトンネルのように鳥居が並ぶが、「千本」は数が多いことを意味している。全山には1万基を超える数の鳥居があるが正確な数は分からないとさえされるのだ。この鳥居を通る体験は、やはり現代人にとっても他に類を見ない感覚をもたらす。そ

1993（平成5）年冬「伏見稲荷大社」テレビCM
私は、今、昔々に向かって歩いています。あれ、どこまで来たのかな？ 1200年を行ったり来たり出来る京都です。

の辺をとらえたのが、１９９３（平成５）年の作品である。

日常生活の中の時間は、いかにも一定のスピードで進むことを疑わないで成り立っている。しかし、その時間からいったん抜けてみれば、京都ではそれが叶うのであり、「時間の可塑性」である。時間は一定のスピードで進むものではなく、伸び縮みするのだ。

筆者には、こんな体験が今回の本書絡みであった。

本書はそうではないが、長年大学人、研究者として論文なり、書籍なりを書くということは、「いつ、だれが」といった主観を抜きに書く。客観的に、あるいはアカデミックにものを書く場合、そんな規則がひそかにあるのだ。

ところが、あるとき、筆者自身が「平成の初め」の広告業界のことを前提にものを考えると同時に、「平成の終わった令和」の状況という視点で広告を考えていることに気付き、自分自身で大いに驚いた。つまりは、30年がとても短い時間に感じられたのだ。言うなれば、決定的に筆者にとって「時間が縮んだ」のだ。

こういったことを、もっと長い時間で感じさせ、「タイムマシン」のような形にして見ることのできる伏見稲荷大社の非日常性は、昼なお暗いが、夜のライトアップでさらに引き立つ。

この赤と黒の千本鳥居は、まさに8世紀に造られた日本製タイムマシンのようだ。１０００年がまさに一歩一歩実感され大人でも怖い。鳥肌が立つほどの体験ができる。お化け屋敷など、子どもだましなのだ。

「そうだ 京都、行こう。」には、サブテーマ（副主題）として「父さんが連れて行く京都」と付記されるものがいくつかあり、先の本願寺もその一つである。夏休みに親子で、というシーズン性を持たせるものである。２０１２（平成24）年のポスターにもこのサブテーマが付されている。

2012（平成24）年夏「伏見稲荷大社」ポスター
早く大きくなれ。いや、ゆっくり大きくなればいい。
夏は、親も戸惑いながら育ってゆきます。

子どもの成長は早いから、子どもの3年、5年、10年の違いは幼稚園、小学校、中学校の違いだが、大人には、あらためて振り返れば「あっという間」にも思えるのだ。30歳の人は、23歳、25歳、30歳と思い返してみて欲しい。必ず子どもの頃の時間の長さに驚くだろう。40歳の人の33歳、35歳、40歳はさらに短いだろうし、50歳、60歳となれば、いわずもがなである。

親は子を持ったときから、発育、成長の無事、順調を祈る。「おむつはずしが同じ月齢の子より遅れていないか」「歩き始めるのが遅くないだろうか」「言葉を発するのが遅くないか」

等々、いわば早く大きくなれ、の連続なのである。

親子で行くことのできる京都は、そう何回もあるものではない。

広告の世界では、親の目線で子の成長を願うものが数あるが、とりわけ京都で、それも10代も後半になれば、親子よりも友人と行くことになるだろうから、そう何度も実はチャンスのない「父さんが連れて行く京都」なのである。「ゆっくり」時間の流れにブレーキを掛けるような、普段考えないことを考えられるのも旅本来の良さであり、その考えは2012（平成24）年の作品として表現されている。

時間の伸び縮みを表現しているのが、この伏見稲荷大社の広告である。そんな見立てもおかしくないのではないだろうか。

オーバーツーリズムの中の「そうだ 京都、行こう。」

以上に見てきたように、長く続いてきた「そうだ 京都、行こう。」では、時代ごとに、見る人が「見たいものを見せてくれる」という、細かな工夫が垣間見える。ただ、この広告の特徴である、京都という街を利用しているという点から見ると、また違った工夫も見ることができる。すなわち、現代の京都で特に問題となっている、オーバーツーリズムへの

2019年外国人年間訪問客数と訪問者人口密度

訪問客数の順位	国名	年間訪問客数（人）	国土面積（㎢）	訪問者密度（人／㎢）○数字は密度の順位
1	フランス	89,322,000	549,090	162.67 ④
2	スペイン	83,509,000	505,960	165.05 ③
3	アメリカ合衆国	79,256,000	9,831,510	8.06 ⑪
4	中華人民共和国	65,700,000	9,562,910	6.87 ⑫
5	イタリア	64,513,000	302,070	213.57 ②
6	トルコ	51,192,000	785,350	65.18 ⑨
7	メキシコ	45,024,000	1,964,380	22.92 ⑩
8	タイ	39,916,000	513,120	77.79 ⑧
9	ドイツ	39,563,000	357,590	110.64 ⑥
10	イギリス	39,418,000	243,610	161.81 ⑤
11	オーストリア	31,884,000	83,880	380.11 ①
12	日本	31,882,000	377,970	84.35 ⑦

【年間訪問客数】資料：GLOBAL NOTE（https://www.globalnote.jp/post-3608.html）
出典：UNWTO
【国土面積】資料：GLOBAL NOTE（https://www.globalnote.jp/post-1704.html）
出典：FAO

配慮である。

京都は外国人旅行客が非常に多いことで有名だが、実際に数字で見ていきたい。2020（令和2）年から2023（令和5）年までは新型コロナウイルスによる影響もあるため、2019（平成31、令和元）年の訪問者数の多い順の国別ランキングを、各国の面積で割って、1㎢当たりの年間訪問者数を出してみたのが次の表である。日本は訪問者数では世界12位であるが、1㎢あたりの訪問者数で見ると世界7位と、訪問者の密度が高いことが分かる。

さらに、国土の7割が森林で平地の少ないのが日本であるから、実態としてこの数字もさらに大きくなる。都市部とそれ以外での人口密度の違いがあり、特定の地域に観光客は集中しがちであるから、実質的にはもっと深刻な人の密集が起きているとも考えられる。

加えて、もともと多かったフランスやスペイン、イタリアなど欧米の観光大国に比べれば、日本への観光客数は急増して7位になっており、オーバーツーリズムの社会的なインパクトが他国よりも大きいことも分かる。日本では多くの外国人観光客に溢れる状況にまだ慣れていないのである。

2022（令和4）年の高雄は、注意が向きにくく選ばれた地

こうした状況を踏まえてか、２０２２（令和４）年には高雄が選ばれている
ざっくりと言えば表のように「京都御所（京都御苑）」から見て北方向を時計の文字盤の12時に見立てれば、高雄は10時の方向にある。愛宕山は山城と丹波の国境にあり、２時の方向にある比叡山と並び対をなしていると捉えられていた。
伊勢に七度、熊野へ三度、愛宕山へは月参りと古くから京都では言われ、山城と丹波の国境にある愛宕山にある旧阿多古神社は、全国９００社ある愛宕神社の総本社。防火、鎮火の神として信仰され、３歳までに参拝するとその子は一生火事にあわないとも言われる、

京都御所を中心とした各観光地の方角

時／方角	徒歩圏または列車乗換回数が1回程度	左記より遠方もしくはバス利用
12時／北	相国寺、上賀茂神社、貴船神社、鞍馬寺	（北山）
1時／北北東	下賀茂神社、糺の森、	三千院、寂光院
2時／東北東	修学院離宮、比叡山延暦寺	日吉大社
3時／東	京都大学、吉田神社、銀閣寺、哲学の道	大文字山
4時／東南東	平安神宮、南禅寺	（東山）
5時／南南東	八坂神社、清水寺、醍醐寺、三十三間堂、伏見稲荷大社	岩間寺、平等院
6時／南	京都駅、東本願寺	酬恩庵（一休寺）
7時／南南西	京都鉄道博物館、東寺	石清水八幡宮
8時／西南西	二条城、桂離宮、松尾大社	善峯寺
9時／西	東映太秦映画村、大覚寺、嵐山、	保津峡
10時／西北西	北野天満宮、金閣寺、龍安寺、仁和寺、晴明神社	▲高雄山、神護寺
11時北北西	大徳寺	源光庵

▲がケーブル廃線こよって観光地としては希薄化

観光客にはあまりなじみのない地。

第二次世界大戦前、高雄の一部である愛宕山には「愛宕山鉄道」という鉄道事業者が運営していたケーブルカーが存在していて、嵐山駅から清滝駅までは平坦の鉄道として、清滝川駅から愛宕駅まではケーブルカーで登ることができた。

ところが、ケーブルカーは戦時中に全線が不要不急線に指定され、戦中時の軍需物質不足に伴いレールを軍に供出したことから廃線となり、戦後も復活できなかった歴史がある。

当時としては、高低差や営業距離で東洋一の規模と言われるほどのもので、昭和10年代までの記憶のある人にとっては、今我々が感じる愛宕山とは違って、身近な一大観光地でもあっ

2022（令和4）年秋「神護寺」ポスター
「秋が待ち遠しかった」と語る人は今年きっと多い。私がそうであるように。

たのである。愛宕山からは市内が一望でき、スキー場、遊園地、愛宕山ホテルが、昭和初期の十数年営業していたような、贅沢でおしゃれな時代があったのだ。

愛宕山に向かって流れる清滝川の本流には神護寺があり、愛宕山までケーブルカーで登れば、下り道２～３㎞内外のところにあった。そしてこの愛宕山や神護寺、隣の栂《とが》尾《お》山《やま》には鳥獣戯画で有名な高山寺があり、この一帯が「高雄山」というイメージを形作っていた。

むろん、現在でもバスで行けば京都駅から１時間弱であるが、おのずと本数も限られる。観光客がもしレンタカーを使うとなると、山道は初めての人には不安もあるし、混み具合、駐車スペースと心配である。鉄道駅が存在したという戦前の高雄山の身近さが、東の比叡山、西の高雄山と並んで感じられたのだった。

新型コロナウイルスの流行が落ち着き、「秋が待ち遠しかった」と思う人は多かっただろう。しかし、一方で怖いのは一気に押し寄せるであろう京都のオーバーツーリズム。こうした人々の旅行に対する羨望とオーバーツーリズムという社会情勢のはざまで、「有名ではない、どことは知らない、しかし京都」として選ばれたのがこの高雄という次第だった。

京都にわれわれが見たいこととは

ここまで、「そうだ 京都、行こう。」の広告が、どのように「見たいものを見せてくれる」のかを見てきた。では、時代を問わず、われわれが京都に見たい、共通する何かがあるのだろうか。

たしかに京都は、自然と生活の調和が見事に表現されている場所である。四季折々の風景が織りなす美しさは、人々の生活と深く結びついている。春には桜が咲き誇り、夏には深緑が眩しく、秋には紅葉が山々を彩り、冬には雪が静寂を包み込む。これらの自然の移り変わりは、この国の人々の生活のリズムを形成し、季節の行事や祭りを通じて、人々の生活と自然との調和を象徴している。

神社は、この自然と生活の調和をもっとも象徴する場所の一つである。神社は静澄な場であり、神聖な空間であり、人々が心を落ち着け、自己をからっぽにする場所である。神社の境内に足を踏み入れると、日常の喧騒から離れ、自然とのつながりを感じ、心の平穏を取り戻すことができる。

信仰心の有無はともかくも、神社の中で手を打ち合わせ、目を閉じれば緑の香りが鼻腔に入り胸へと広がる。先の比叡山で触れた山の香りが、体の中に入ってくるかのようである。

何が大切なのか分かりづらい、自分の努力が足りないのかと悩む、他人からどう評価されているのかに気を揉む、そういった、心に波風がいつも立つような生活はうるさく感じられる。そのうるささの反対が「静澄」であり、京都の神社にわれわれが見たいものの一つである。

また同時に、京都には数多くの寺院が点在している。寺院は、もともと悟りに至る道、あるいは幸せに至る知恵の塊であり、人々が心の安らぎを求め、生きる知恵を学ぶ場所である。少なくとも長らく日本の政治史、社会史から見ても、このことは明らかである。仏教の教えを通じて、人々は苦しみから解放され、幸せへの道を見つけることができる。寺院の中には、美しい庭園や壮大な建築物があり、それらは人々に現世、実社会とは別の世界を感じさせる。

悟りとは、何も修業の果てに優れた僧侶だけが得ることのできるものでもない。それにつながるような、誰にでもある迷いから抜け出すような思いである。あるいは、現代社会の日常の中の、不満や憤りからの自由とも言えるだろう。

筆者の個人的な経験だが、ある方の言葉がどうしても腑に落ちない。その同業者の大先達は「人間、かわいげが大事だから、かわいげのある人間になれ」と、後進に言う。「かわいげで乗り切っていくようにはなりたくない」「かわいげぶってどうなるんだ」と、どうしてもその言い方が嫌だった。ところが、サラリーマン社会は、昇進に差が付く。「かわいい奴が引っ張られる」「お前はかわいげがないからダメなんだ」などと言われる。こういった不条理な状況に不満や憤りを感じる人は、京都の寺社に悟りの一端を垣間見て、自由になりうる。日常を離れるとはこのようなことだ。

そして、京都の魅力は、職人芸によっても表現されている。職人芸は、「仕事を通じて幸福に至る実践」を体現している。陶芸、漆芸、金工、織物、また菓子、料理、あるいは芸能など、伝統的な技術を受け継ぎ、一つひとつの作品を丹念に作り上げる職人たちは、仕事を通じて自己の存在意義を見つけ、幸福を感じる。そういった職人道のある世界なのである。そして、三十三間堂の作品紹介の中でも触れたような職人の技が、京都には蓄積されている。しかし、近代的なサラリーマンが増加した現代社会では、これらの価値が見失われ、日常生活のバランスが崩れてしまっている。仕事を通じて幸福を感じることが難しくなっているのだ。

以上のように、京都の魅力は、自然と生活の調和、神社の静澄、寺院の悟り、職人芸の実践などから成り立っている。これらすべてが、私たちが忘れてしまった、あるいは日常生活では意識の外に追い出している大切な価値を思い出させてくれるのである。

京都を訪れることで、私たちは自然とのつながりを再確認し、日常では忘れがちな心の平穏を取り戻し、仕事を通じての幸福を感じることができる。それが、時代を問わず京都にわれわれが見たいことの中心である。

そして、「そうだ 京都、行こう。」はこれらの魅力を、京都を訪れなくても見せてくれる。こうした、時代を問わずわれわれが京都に「見たいもの」から外れることなく、また、時代ごとに人々が「見たいもの」を取り入れながら、広告で「見せてくれる」ことこそが、「そうだ 京都、行こう。」が長く続いてきた大きな要因なのだ。

第4章

「そうだ 京都、行こう。」を貫く広告企画

さて、本章では「そうだ 京都、行こう。」の広告企画を考えてみたい。

まず、前提として、広告プロデューサー・藤岡和賀夫と、彼が手がけた二つのキャンペーンを取り上げる。この二つは本書の言う広告企画の象徴とも言えるし、これらの分析を通じて私のスタンスから広告企画の考え方をはっきりとさせたい。

次に、様々なメディアで描かれる「京都」は、人々が京都に対して抱く様々なイメージの中で捉えるべきことをまとめてみる。このことは、「そうだ 京都、行こう。」の広告企画の組み立てを、また別の角度から見ることに相当する。

そして、20世紀から旅行に関する広告企画の肝と見なされてきた旅行観の変遷を整理し、これらを通じて広告業界から見た「そうだ 京都、行こう。」を描写するのが本章である。

関係者以外には観察できない基本の方針・企画

前章までで見てきたような、広告の目に見えるところを広告物、あるいは広告表現と呼ぶ。そして、その前提には、広告の制作や伝達に関わる、基本の方針・企画があり、これを「広告企画」という。

あたりまえのことではあるが、広告には、関係者以外には観察できない基本の方針・企画がなくてはならない。その方針・企画をもとに、予算、スケジュール、制作陣のスタッフィングを決めていく。とりわけＪＲ東海のような大企業が行う広告では、基本の方針・企画を決めることが広告を制作する上での中心と言ってもいいのだ。

この広告企画についての理解を深めてもらうために、まずは、国鉄時代の歴史に残る広告である「ディスカバー・ジャパン」のプロデューサー、藤岡和賀夫を取り上げたい。

藤岡和賀夫の「ディスカバー・ジャパン」

藤岡和賀夫は日本の広告プロデューサーで、富士ゼロックスの「モーレツからビューティフルへ（１９７０年）」などを手がけ、時代の変化を巧みに捉えた広告をプロデュースした。これらの広告は、その斬新な手法とメッセージ性で、社会全体に大きな影響を与えた。「ビューティフル」という新しい言葉によって、高度経済成長の最中に人間らしい新たな生き方を訴えたのである。

そんな藤岡は、１９７０（昭和45）年から１９７６（昭和51）年にかけて、国鉄が個人旅行客の拡大を目的に行った「ディスカバー・ジャパン」を手がたことでも著名である。自他ともにこのキャンペーンの広告を手がけたプロデューサーであることは、実名での著書があり、自らその肩書を名乗り、それについて度々書き記していることから分かる。「ディスカバー・ジャパン」は、単に鉄道利用を訴えかけるのではなく、社会的メッセージを伝える試みで、具体的な場所が特定できない写真と大きな英語のロゴだけが印刷されたポスターや広告が作られたとされる。また、月ごとに一種類のポスターが全国の駅に約7000枚貼られ、月に二種類の吊り広告が全国の国電の車内に貼られるなど、当時としては広範囲にわたって展開された。

加えて、全国1400の駅に設置されたスタンプ台には、協賛ポスターが入り、旅行者が訪れた駅でスタンプを押すという体験を通じて、キャンペーンのメッセージを広めるという手段も当時画期的なものであった。その結果もあって、1970（昭和45）年の大阪万博後、もっとも心配されていた旅客数の落ち込みはなく、当初3年間の予定が7年間も続くこととなった。

このキャンペーンは、個人旅行の拡大という社会情勢の変化とマッチし、大きな成功を収めた。それまで画一的な団体旅行がメインであった人々の目を、それぞれが目的を持った個人旅行へと向けさせるきっかけとなった。むろん、団体旅行が急に減った訳でもなく、個人旅行ばかりになった訳でもない。しかし、人々の認識の中に「個人で行くのもありかもしれない」という選択肢を持ってもらえたことは、後述するが、旅行の進化史に名を残す、大きな出来事だったと言えよう。

テレビ番組『遠くへ行きたい』も国鉄一社提供の形で１９７０（昭和45）年10月に始まって今に至る長寿番組である。同名のタイトルに使われた歌謡曲も、ノスタルジックな曲調が旅情を誘い、スタンダードナンバーになった。多くの人々の頭の中に、時間やお金、その他の事情が許せば一人旅は魅力的だ、という思いを

東京駅の当時の「ディスカバー・ジャパン」看板（交通新聞）

広く植え付けることになった。この点では、雑誌『ａｎａｎ』や『ｎｏｎ－ｎｏ』も、〝アンノン族〟と呼ばれるファッション誌や旅行雑誌を片手に一人や少人数で旅行する若年女性層を生み出したのと同様の意味を持った。

「ディスカバー・ジャパン」は、社会的ニーズとのマッチング、革新的な広告手法、広範囲な展開などの要素が組み合わさり、大きな成功を収めることができたとされる。

続く「南太平洋キャンペーン」

続いて藤岡が手がけた「南太平洋キャンペーン」は、彼の広告プロデューサーとしての独自の視点と斬新なアプローチが反映された一連のプロジェクトだった。

このきっかけは、１９７７（昭和52）年に15日間にわたり行われ、藤岡自身を含む作詞家の阿久悠、カメラマンの浅井慎平、画家の池田満寿夫と美術家の横尾忠則、ＣＢＳ・ソニーの酒井政利、評論家の平岡正明、京都大学教授の多田道太郎、イベント・プロデューサーの小谷正一といったメンバーで南太平洋の西サモア諸島を「旅」した。つまり、この「旅」は、趣味の旅行などではなく、凄いメンバーがいっしょに、パッケージツアーなどのない「南太平洋」という当時の人からすると不思議な旅先に行くから、マスメディアは取り上げてくれというPR企画だったのである。むろん、そこでの体験によって、参加した一流の発信者たちは「南太平洋」絡みの仕事を、頼まないでも発案してくれたり、少なくともお願いしたりしやすくなる。現代で言えば「インフルエンサーの招待旅行」を先取りしたものであったのだ。

つまりは広告業務としての「旅」であり、クライアントの要請によるものではなく、藤岡自身の発案によるものだった。旅の費用は、資生堂とワコールが負担した。受注が大前提の広告企画において、やはり当時も画期的なものだったと言えるのだ。

筆者の立場から見た広告企画

筆者はグラフィックデザイナーでも、コピーライターでもない。筆者の専門は、もともと広告計画のための広告調査だ。それは一見すると目立たないかもしれないが、何をどうすれば、広告の受け手の心がどう変化するのか、どうなりうるかを明確にすることにつながる。広告の成功には不可欠な要素である。

筆者は広告の受け手の心理を、場合によっては数百人単位でインタビューを実施して理解した。それは、広告がどのように受け手の心に響くか、どのように受け手の行動を促すかを考える仕事だ。目指すべきターゲット層と、その層が求めていなかったけれども、言われてみればその通りだと思うような隠された価値を明らかにした。マーケティングの世界では「潜在ニーズの発見」、「インサイトの発見」などと言われることである。

その後、その情報をもとに広告の設計を行った。広告は、ただの情報伝達手段ではなく、受け手の心に響き、行動を促す力を持つものにする必要がある。当然、事前の調査によってすでに裏が取れているため、広告企画は「設計図があり、それを再現・具体化していく」といった風にうまくいくのであった。

こうした経験を持つ筆者の立場から見ると、「ディスカバー・ジャパン」の広告企画は、容易に解説が可能だ。すでに断片的に触れたように、辛い旅ではなく楽しい旅行への変化、団体旅行ではなく自分で行く自分自身のための個人旅行の普及、それが可能となる社会的な豊かさや、安全さ、便利さが整ってきたという前提があるからこそ有効な企画と言える。はたして、その目論見通り、藤岡和賀夫は、社会史、広告史に名を残したのである。

具体的なポスターでは、例えば、20代とおぼしきモデルのような女性2人が、のれんをくぐって和風の店舗から出て来る。雨が降っていて唐傘を差した高齢の女性が微笑みながら通りかかる。現代の都会の若い女性が、何十年か前の日本の街並みにタイムスリップしたかのようなビジュアルのポスターである。「ディスカバー・ジャパン」の文字はローマ字で、日本語のコピー「美しい日本と私」が添えられ、広告主名は「日本国有鉄道」である。

国鉄が、タイムスリップを可能とさせる。そして異世界から来たような主人公が、美しい日本と出会う。その出会いの新鮮さは、第三者の目から見れば「一葉の美しい写真」のよう。もちろんそこに写っているのは「美しい日本と私」である。自分探し、アンノン族、といったコンセプトも同時に世に出た。誰のためでもない、自分のための新鮮な体験が新たに提示されたのである。

一方で、「南太平洋キャンペーン」には決定的な落とし穴があった。藤岡和賀夫は当時50歳で、昭和一桁生まれであるから、「国際連盟委任統治領」であり、これから産業が活発化する可能性に満ちた南太平洋というイメージが藤岡の中ではどうしても付きまとった。昭和一桁世代はなじみのある『冒険ダン吉』を読んで未開の南の島にロマンを感じ自らの中に育てていたのだった。一緒に旅行をした方々も同世代か年上だから、前提となる知識は戦前のそれが色濃かった。

一方で1970（昭和45）年の資生堂とワコールの主要顧客、とりわけ広告で心が動かされる層は、日本の人口が増加している時期ということもあり、もっと若い世代だった。

おのずと「南太平洋」についてのイメージストック、頭の中の関連情報がなく、南太平洋と聞いても、上の世代とは違う風に受け止められて、要は心がときめかないのだった。もちろん、航空路、滞在先で安心して泊まれる施設、といった具体的な条件が整っていなかった点も、その後の沖縄やハワイ、グアム、サイパンとは決定的に異なる。

「南太平洋」というキーワードには、藤岡の世代にはロマンがあったが、より若い世代にはそれがなかったのである。こうした広告制作者側と、ターゲット層の認識の乖離があったがために、「南太平洋キャンペーン」は十分な成功を収めることができなかった。

さて、ここまで藤岡の仕事を見、筆者の立場も触れたのは、社会的ニーズと広告企画とのマッチングが広告の成否を分ける、ということを確かめるためである。

広告が目立ち、多くの人の目に触れれば成果があがるという関係が、20世紀にはあることもあった。ほとんどすべての消費領域で画期的な新製品の登場があったから、それを買いさえすれば新しい豊かなライフスタイルにつながると思われていたのだ。事実、洗濯機、冷蔵庫、クルマ、テレビ、ビデオ、エアコンといった耐久消費財はマス・マーケティングによって、高度成長期の消費の象徴となった。

しかし、21世紀の今、人口も停滞・減少する。手法が目新しいだけで何かがうまくいくといった考え方は、もはや業界にはない。あくまでも、社会のニーズとのマッチングが問われ、うまくいけばその マーケティング手法、その一環である広告は長期にわたるのである。

ミネラルウォーターの「サントリー天然水」、ユニクロの「ＬｉｆｅＷｅａｒ」、ソフトバンクモバイルの「白戸家の犬のお父さん」、キリンの「サッカー日本代表スポンサード」など、21世紀の長期にわたる成功事例は、手法による成功ではなく、やはり社会がそれを求めていたからである。ニーズとはその言い換えにすぎない。

そう考えれば、広告の肝心な部分は、社会のニーズとマッチする広告企画である。

「そうだ 京都、行こう。」の広告企画

以上を踏まえ、「そうだ 京都、行こう。」の広告企画を考える前提として、まず社会の人々のニーズを考えてみたい。

人々は、実は現代の文明生活に疲れている。何かに追われ、たまにはもっと癒されたいと思っていると考えられる。そこで第3章までで説明した、静澄な時空間、悟りにつながるような知恵、自然と文化の調和などを、自分では気付かなくとも渇望している、そういった心的な状況への理解がまず重要である。

そのニーズにマッチした「そうだ 京都、行こう。」の広告企画は、京都の「今（いま）化」と「自分ごと化」であると考えられる。

日常生活を神仏への信仰中心に過ごしている方は別にして、第1章で述べたように京都は、中学の修学旅行で行ったところか、寺社や抹香といった京都の文化を理解できる高齢者の行くところというイメージが強かったのである。京都に近い近畿の人々にとっては「祇園祭り」や「をけら詣り（大晦日に八坂神社で火を火縄に移して持ち帰るお参り）」も日常の場合があるが、要は、そうではない人、特に関東の人にとっては枕投げをした記憶と抹香のにおい、なのである。

「そうだ 京都、行こう。」の広告はまず、修学旅行で行ったという過去のイメージではなく、今日の日常生活の中に京都を感じてもらうことを意図している。また、寺社や抹香など、限られた人に良さが分かる街ではなく、自分の暮らしの中のちょっとした句読点のように身近な行き先に京都を位置付けてもらうことを狙っている。つまり、中学時代の思い出ではなく、お年寄りだけのものではない京都の「今化」、「自分ごと化」である。

すでに強調したように「急激な円高で周囲にパリやロスに詳しいＯＬが増えたこと」「都市銀行や大手証券会社が倒産したりして『びっくり』していること」といった社会の状況

を前提に、「京都にうんと詳しい方が格好いい」とか「京都には、１２００年分のびっくりがあります」というメッセージになっている点にも、京都の「今化」、「自分ごと化」の試みが垣間見える。

もちろん広告に接する人の経験によって広告の感じ方は違うので、広告の具体的な意味を、時代や人をまたがって固定的に語ることは難しいが、「そうだ 京都、行こう。」がうまくいったのは、広告企画で意図している多くの人の心の中で京都の「今化」、「自分ごと化」が叶った、ということと関係しそうなのである。

「そうだ 京都、行こう。」の設計図

「そうだ 京都、行こう。」の広告企画は先に述べた通りであるが、その企画を形作る設計図が次の図である。

まず重要なことは、現代社会や人々についての理解である。「そうだ」と思い立ってすぐに京都に行くことができる社会状況や、そういった人がどのくらい首都圏にはいるかといった前提を理解する必要がある。

さらに、本人は自覚せずとも現代の文明生活に疲れて、もっと癒されたいと思っている

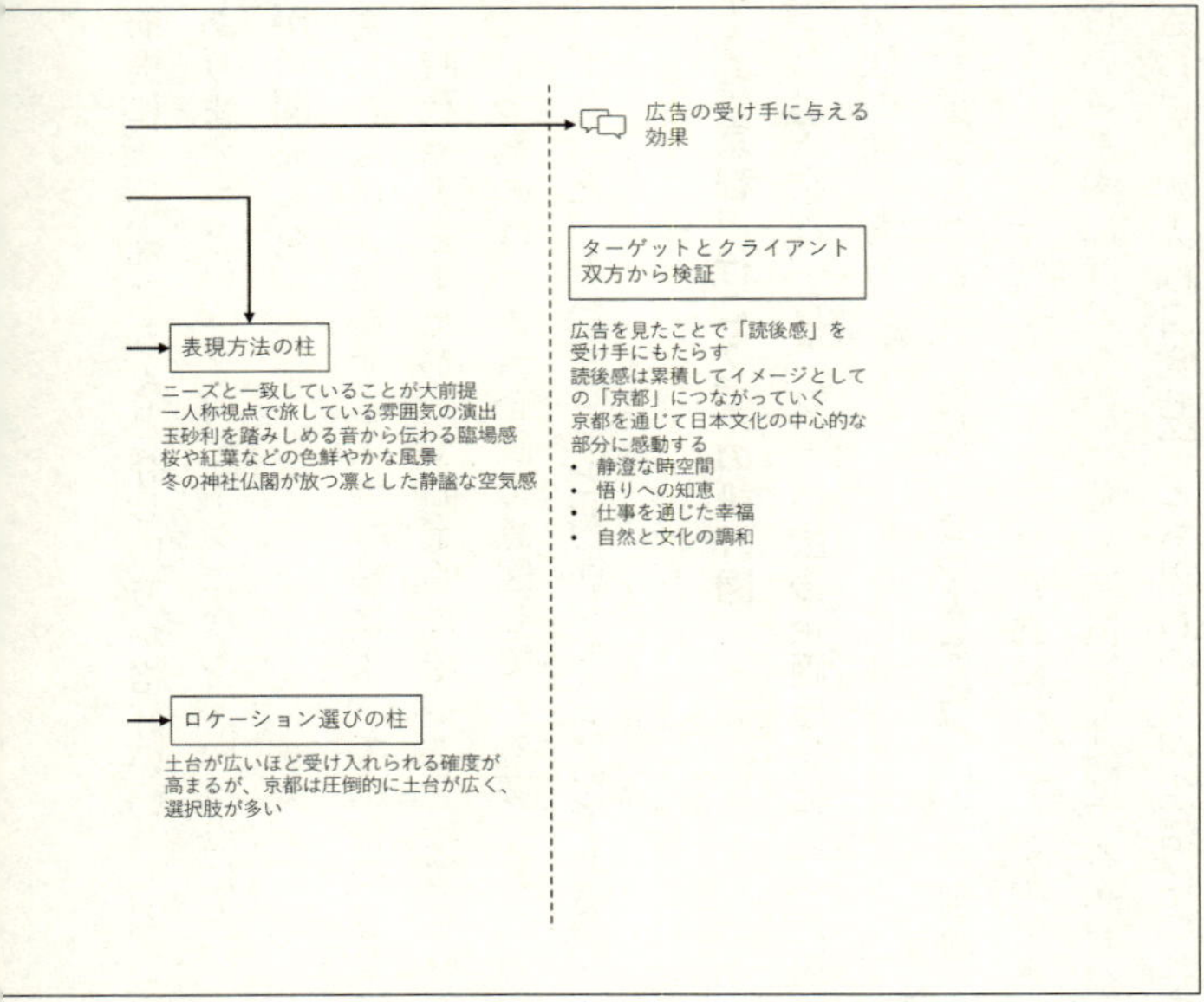
広告の受け手に与える効果
ターゲットとクライアント双方から検証
広告を見たことで「読後感」を受け手にもたらす
読後感は累積してイメージとしての「京都」につながっていく
京都を通じて日本文化の中心的な部分に感動する
• 静澄な時空間
• 悟りへの知恵
• 仕事を通じた幸福
• 自然と文化の調和
表現方法の柱
ニーズと一致していることが大前提
一人称視点で旅している雰囲気の演出
玉砂利を踏みしめる音から伝わる臨場感
桜や紅葉などの色鮮やかな風景
冬の神社仏閣が放つ凛とした静謐な空気感
ロケーション選びの柱
土台が広いほど受け入れられる確度が高まるが、京都は圧倒的に土台が広く、選択肢が多い

人が、静澄な時空間、悟りにつながるような知恵、自然と文化の調和などを渇望している、といった受け手の心理状況の深い所の理解も重要である。

次に、広告の中で取り上げられている「京都」という場所が、多くの人にとって十分なイメージストックを持つという点にポイントがある。「そうだ 京都、行こう。」の中では、人々がすでに知っている京都の魅力的な観光地が取り上げられる。受け手はよく

「そうだ 京都、行こう。」の設計図

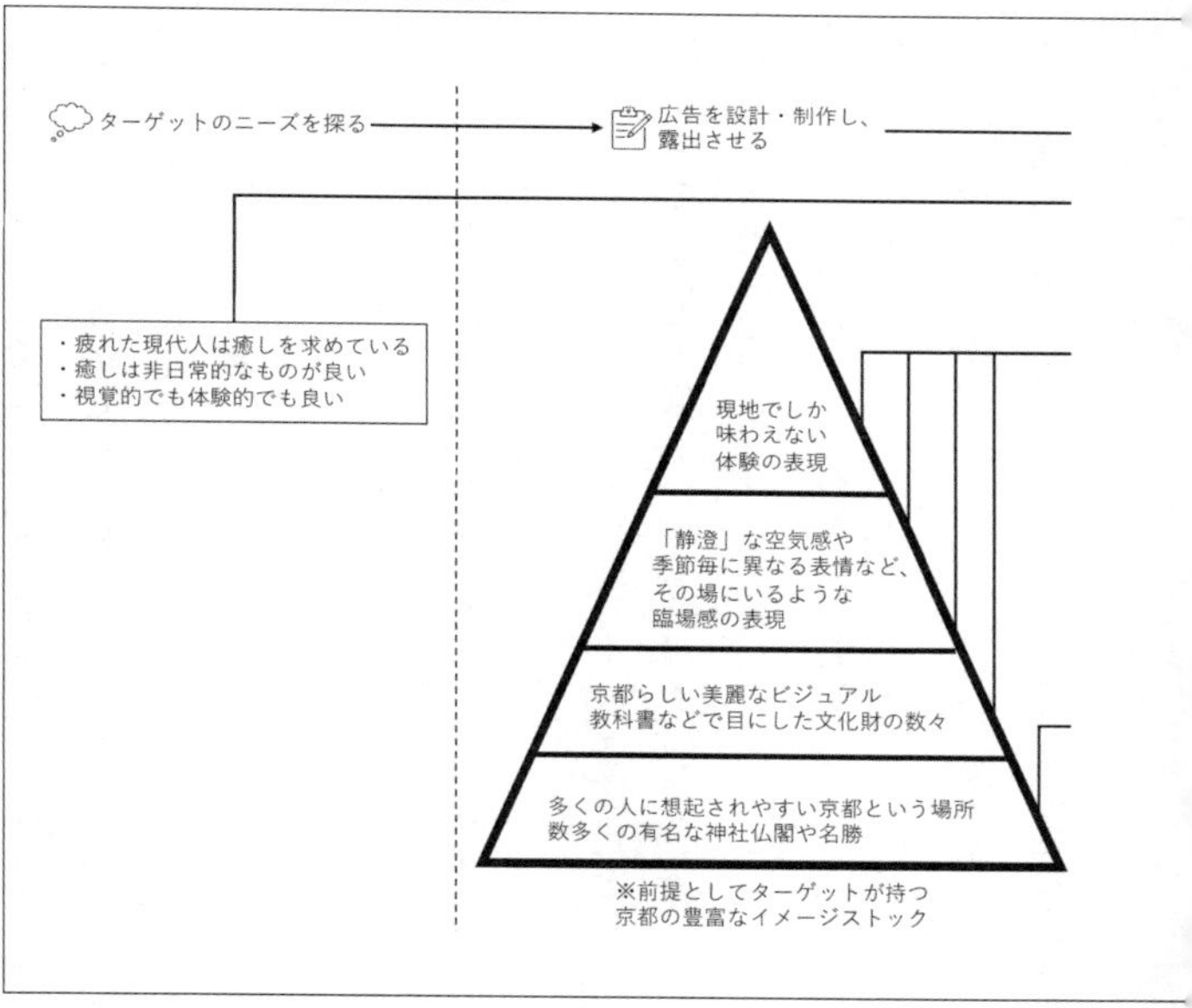

知っている名刹を、自らが持つ京都のイメージで解釈し、日頃の生活での喧騒や忙しさ、日常生活での問題が、京都に行けば満たされるかのように見る、ということである。

　このように、すでにその人が持っている関連知識・イメージをもとに広告や広告の中で表現されているものを解釈するため、多くの人にイメージストックがある京都は、それだけ多くの人に受け入れやすいということになる。

その上で、前章までで見てきたように、一流のカメラマンによるビジュアル、グラフィックデザイナーが最新のCG技術も取り入れて制作したデザイン、適切なアレンジがなされた音楽など、目に見える美麗な広告表現がある。そのテレビCMでは、一時期までは歩く人の目に合わせた動画にしたり、砂利を踏む音を立てながら一歩一歩歩く音が入ったりして、「臨場感」を表現したものもあった。最上位の「その場で体験した上でしか言えない、感じたこと」がコピーに表れている。

そして、これらの要素の結果として、その広告に接した人に京都の読後感を残すのが広告の目的である。

少なくとも現代では、京都を取り上げる広告として、特定地域（祇園、高雄など）や神社仏閣、または食事や菓子（八ッ橋、長福寺餅など）、あるいはホテルなどの個別の商品やサービス、観光地を取り上げる広告がほとんどである。そんな中で、京都全体を表現する広告としての、ほぼ唯一の役割と期待が、この「そうだ 京都、行こう。」広告の読後感に課せられているのだ。

以上が「そうだ 京都、行こう。」の設計図である。

ＪＲ東海の社史によれば、葛西敬之代表取締役副社長（当時）も早い時点で高い評価を

京都市観光入客数　　（単位：千人）

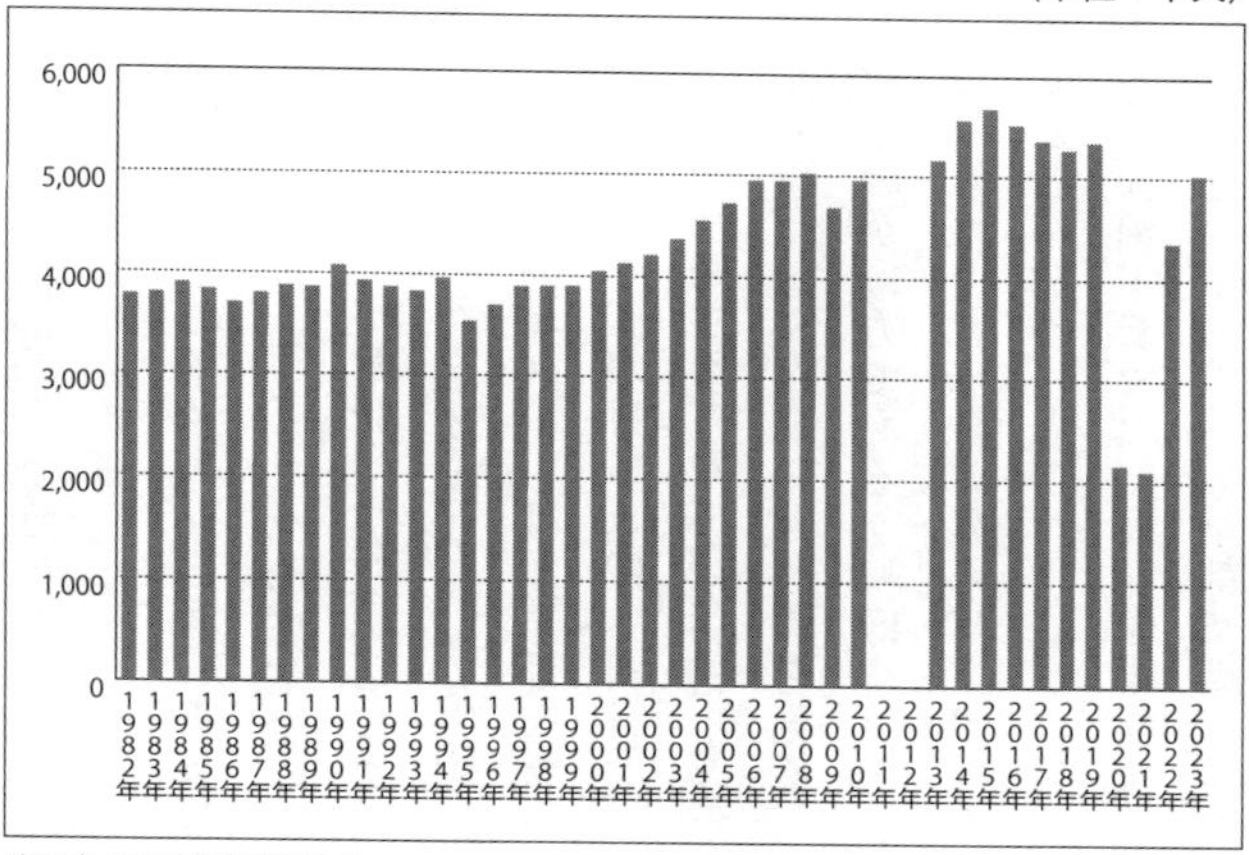

出所）京都市観光協会
2011年・2012年は集計なし、2020年・2021年は参考値
「そうだ 京都、行こう。」キャンペーンは1993年開始

したとのことであるが、京都への観光客はほぼ一貫して増え続けたことにも、「そうだ 京都、行こう。」の設計図が十分な成功につながっていることがうかがえる。すなわち、机上の設計図ではなく、実際に効果につながった設計であったのだ。

この設計図は、30年もの間維持することができたという点で画期的である。事実、1993（平成5）年以来モチーフやサブテーマなど、微修正はあったが、本質的な設計変更の必要も動機も生じなかった。広告業界から見ても、ほとんど初っ端のテレビCMを見て、これはうまくいくと多くの人が感じた。高い完成度が、さきの頑健な土台を持つ的確な設計をおのずと感じさせたのである。

京都が持つ多くのイメージを構成するもの

「そうだ 京都、行こう。」の広告企画と設計図を見てきた。そのうち、広告表現に関わる部分は前章までで解説したので、ここでは、人々が京都に抱いている多くのイメージストックを利用している点が広告の成功に結びついていることを、もう少し詳しく掘り下げたい。

現在の京都のイメージは、京都を舞台にした様々な作品によって備給されている部分が大きい。その一つがＮＨＫの大河ドラマである。21世紀の大河ドラマ23作品のうち、京都のシーンが登場するものは18作品にも及ぶ。

大河ドラマは、衣装や大道具を見るだけで明らかなように、テレビの一番組としては最大の費用のかけ方である。映像作品としての価値も高いコンテンツであるから、一応観た人にはそれなりに印象に残る。ドラマを見る人には、歴史という観点での京都のイメージを抱くことになる。

また、大河ドラマといえば豪華な俳優を起用することでも有名だが、好きな俳優が出てくると、そのイメージも京都に結びつく。例えば、本書冒頭の「蛤御門の変」で有名な松

21世紀のNHK大河ドラマ

放送年	番組名	京都のシーンで登場する場所	主演
2024	光る君へ	京都御所、廬山寺他	吉高由里子
2023	どうする家康	二条城他	松本潤
2022	鎌倉殿の13人	六波羅蜜寺	小栗旬
2021	青天を衝け	二条城	吉沢亮
2020	麒麟がくる	福知山城、本能寺	長谷川博己
2019	いだてん 〜東京オリムピック噺〜	—	中村勘九郎
2018	西郷どん	東福寺塔頭即宗院、蛤御門	鈴木亮平
2017	おんな城主 直虎	—	柴咲コウ
2016	真田丸	高松神明神社	堺雅人
2015	花燃ゆ	京都御所、島原エリア、蛤御門	井上真央
2014	軍師官兵衛	本能寺	岡田准一
2013	八重の桜	同志社大学	綾瀬はるか
2012	平清盛	六波羅蜜寺	松山ケンイチ
2011	江 〜姫たちの戦国〜	養源院	上野樹里
2010	龍馬伝	寺田屋	福山雅治
2009	天地人	—	妻夫木聡
2008	篤姫	東福寺	宮崎あおい
2007	風林火山	—	内野聖陽
2006	功名が辻	本能寺	仲間由紀恵、上川隆也
2005	義経	鞍馬	滝沢秀明
2004	新選組！	壬生寺	香取慎吾
2003	武蔵 MUSASHI	一乗寺	市川新之助（当時・現在の13代目團十郎）
2002	利家とまつ 〜加賀百万石物語〜	本能寺	唐沢寿明・松嶋菜々子
2001	北条時宗	—	和泉元彌

平容保も、綾野剛が馬上で指揮を執るシーンが印象的で、そのイメージを持っている人もいるだろう。

ＮＨＫの大河ドラマではなくとも、京都は様々なエンターテインメント・コンテンツの舞台にもなっている。次に、主として平成期以降、特にここ数年のものを掲げる。もちろん、どれも一例にすぎないが、例えばアニメ好きであればアニメのイメージ、小説が好きであれば小説のイメージと、それぞれ違ったイメージを具体的に自分ごととして京都に抱くことになる。

また、国会図書館のデータベースからタイトルに都市名を含む書籍の表を作ってみた。東京に次いで二番目と、京都という街のイメージストックの多さがうかがえる。また『京都人だけが知っている』『京の古本屋』『京都百話』『秘密の京都』『京都の食文化』『せつない京都』『京都人は変わらない』『京都ぎらい』『京都まみれ』など、京都をテーマにしつつも様々な切り口の書籍があまたあるように、京都というイメージが実に多様であることが分かる。

以上に見てきたように、京都の多層的な知識やイメージを、広告の受け手の多くが持っていることになる。そして、他の街と比べても、人々が京都に抱くイメージは量、

様々なコンテンツで京都が舞台となっている

アニメーション
けいおん!
いなり、こんこん、恋いろは。
京騒戯画　等
コミック
青の祓魔師
るろうに剣心 -明治剣客浪漫譚-
風光る　等
小説
有頂天家族
珈琲店タレーランの事件簿
クロックワーク・プラネット　等
映画
劇場版名探偵コナン　迷宮の十字路
劇場版 呪術廻戦 0
嵐電（らんでん）　等
ドラマ
科捜研の女
ミヤコが京都にやって来た！
遺留捜査　等

タイトルに都市名を含む書籍

（単位：冊）

東京	60,232
京都	41,241
大阪	27,533
広島	11,730
福岡	11,089
名古屋	10,393
静岡	9,788
熊本	9,271
横浜	8,869
神戸	8,707
岡山	8,221
鹿児島	6,945
札幌	4,862
仙台	4,694
北九州	3,243
博多	1,259
那覇	919

出所）国会図書館「図書」タイトル検索、2024.7

質ともにはるかに大きい。

すなわち多くの人にとってイメージストックがたくさんある京都を広告に使うことによって、「そうだ 京都、行こう。」は多くの人に関心を持ってもらうことにつながる。それぞれの京都のイメージが形成され、何か京都に関連する情報に接すると、他の観光地よりもはるかに多くの連想や解釈が生まれ、関心につながることは間違いないのだ。

「そうだ 京都、行こう。」が与える読後感

以上のように、京都という街を取り上げているからこそ、多くの人に関心を持ってもらえるが、それだけで良い広告となり、人々に受け入れられて、長く続くわけではない。先にも述べたように、広告を見た人に読後感としての京都を感じさせる必要がある。

京都は様々なメディア・コンテンツで取り上げられてきたが、個人の関心や知識量によって、京都に対する見方が一人ひとり大きく異なってしまい、一括りに「京都」と言っても、そのイメージは散漫になる可能性がある。しかし、実際には多くの人が共通して持っている、一貫性のある「京都らしさ」のイメージがあるように思う。この京都への見方こそが、「京都ブランド」であり、「そうだ 京都、行こう。」が読後感として見せてくれるものである。

ここで言う「京都ブランド」とは、多くの人が共通して頭の中に抱いている、京都へのイメージの漠然とした塊と言い換えることができる。例えば、「生八ッ橋の味」、ホテルで食べた朝の「朝がゆ」のおいしさ、京都以外では基本的には手に入らない「阿闍梨餅」、産寧坂の甘味処「梅園」のみたらし団子、四条通り沿いで並んでやっと店に入れた鍵善の吉野葛の本物の「葛切り」、六盛の「手をけ弁当」といった、京都の個々の記憶があるとする。それらの記憶がまとまり、京都という街と重なることで、「京都ブランド」は形作られる。

人口や観光客の一極集中、地方の交通インフラの未整備、地方産業の衰退などを背景に、日本で「寂しい古ぼけた田舎」が増えている中で、150万人都市の京都は依然として「雅《みやび》」と形容されることが多いが、これも京都ブランドの一つの形だろう。

道を歩けば女性男性を問わず和服の人に出会う。商店からはお香の香りが漂ってきたり、どこからともなくお茶の燻される良い香りがしてきたりして、近くにお茶の工場（こうじょう、ではなくこうばだろう）があることが推察される。ふと「あぁ京都らしいな」「今、京都に来ているんだな」と思う。多くの人にそんな気付きを与える街が京都なのである。

東京や大阪だと、そんな体験は珍しいし、仮にそんなことがあっても「和服の男性がなぜいるのだろう」とか、「老舗の和装小物の店だ」とか「お茶を作ってるのかな」といった断片的な感想を持つだけで、「だからここがそこ（東京渋谷、大阪なんば、など）なのだ」といった思考の焦点を結ばない。

また、例えば大阪以外に住む人が「大阪に行ってきた」といえば、「あぁ、出張ですか」といった会話になる。ところが、京都以外に住む人が「京都に行ってきた」と言えば、「それは良かったですね」となるのである。

あるいは、京都に多い骨董品屋さんは、同じ店の同じ品ぞろえが大阪にあれば「古道具屋」になる。立地が悪ければ「我楽多《がらくた》屋」とも言われるのだ。

同じものでも京都とその他の街では違う風に見える、この現象は一体何なのであろうか。

われわれが「京都」を思う際、心の中のもう一つの京都をイメージしている。「京都らしさ」につながるイメージからなる「京都ブランド」を常に意識して、映像やポスターを見たり、京都の街を歩いたりしている。その結果、実際に京都で経験したことも、この「京都ブランド」に当てはめて解釈し、「あぁ、京都らしいな」と感じるのだ。

もちろんここで言う「京都ブランド」は一例で、その他にも様々な形をとるが、では「そうだ 京都、行こう。」の広告の読後感として現れる「京都ブランド」とはどのようなものだろうか。

それは、繰り返し述べている静澄な時空間、悟りへの知恵、仕事を通じた幸福、自然と文化の調和といった、それ全体として日本文化の中心的な部分である。

広告表現では神社仏閣や自然が取り上げられる。また、京都が持つ長い歴史が度々コピーで触れられる。こうした個々の記憶は、長い年月を経て多くの人が共通して抱くものであり、そこから生まれる「上品な理想化されたふるさと」というブランドもまた、多くの人が共通して抱くものである。日本に生きる多くの人々に共有され、かつ他の街とは違う特別の意味を付与された地名が「京都」なのだ。

考えてみれば、現代の上手くいっている広告には、このような京都ブランドの働きを使い、大きな成果につながっているものがある。平成の食品業界でも大きなヒット商品と言われる伊右衛門とは、仮にコップに入れて飲めば、他のペットボトル入りの日本茶と区別することは難しい。ただ、広告を通じて京都というイメージが伊右衛門という商品に備給されることで、他の商品との差別化につながっている。

さらに一歩進んで、「そうだ 京都、行こう。」は、ただこの「京都ブランド」を表現しているだけにとどまらない。ブランドを形づくる京都の記憶・イメージを多くの人に供給し続けてきたことで、京都ブランドをさらに強める働きもしていた。

こうした「そうだ 京都、行こう。」と「京都ブランド」の好循環な関係があったからこそ、30年にわたって続いてきたのである。

旅行観の変化に見る「そうだ 京都、行こう。」

「そうだ 京都、行こう。」と京都との関係について見てきたが、ここからは日本の旅行史の中での「そうだ 京都、行こう。」を見ていきたい。第1章で旅行観の変化について触れたが、旅行のイメージや特質の認識が大きく変化してきたことをあらためて表で確かめてみる。

ここで単に時代とせずに次元と示したのは、同じ時代の中でも、人によって、また目的地によって旅行のイメージの幅があるからである。例えば、今の時代でも、高齢者などの足腰の弱った人にとっては、旅行はしんどいものであり0次元に該当するだろう。そしてこ

「旅」の進化

	0次元	1次元	2次元	3次元
イメージ	しんどい「旅」	「旅行」は団体で	仕事か家庭か	「旅」の復権
特性	お参りの旅	皆で行く旅行	少人数化	少人数～個人化
	・恥はかき捨ての旅	・大騒ぎの旅行	・ビジネスかレジャーか	・遊びでも仕事でもなく
具体的なあり様	一生一度／徒歩～鉄道	修学旅行	出張／行楽	自分で欲し自分で行く
		団体旅行	家族旅行／行楽	
主な時代	江戸～明治～	明治～昭和	高度成長期～	高度成長期～

の旅行観や旅行の特性は、時代ごとの人々の気持ちと、企業・産業側のマーケティングが呼応しながら変化するのである。

例えば1次元は、社員旅行、ツアー旅行が全盛期だった昭和後期の旅行コンセプトだろう。ただ2次元の旅行観が増えてくると、団体旅行は徐々に減少し、割安な今の手配旅行になり、旅行の少人数化に対応することとなる。

少人数旅行という2次元の旅行観が多くの人々の意識・行動として完成するのは、ほぼ1980年代頃からである。前提には1970年代の流行語でもあった「ニューファミリー」の小さな自己実現というライフスタイルが、家族での旅行という形でも実現したのだ。東京ディズニーランドの開業も1983（昭和58）年である。

一方でビジネスでの出張旅行は、1970年代から現在まで一貫して増加した。昭和半ばまでの「商人宿」「駅前旅館」がどんどんとビジネスホテルに置き換わった2次元の時代への完全突入は家族旅行よりもやや早いかもしれない。現在、日本全体で90万室を超えたホテルの客室数は、１９８０（昭和55）年ではせいぜい20万室だった。それが、１９９０（平成２）年には40万室、２０００（平成12）年には60万室、２０１０（平成22）年には80万室となったから、急激な出張旅行の大衆化が昭和後半から平成にかけてあったのである。むろん、新幹線と航空便による大量旅客交通がこれと並行的に進展する。

低い次元の旅行観を持つ人にとっては、高い次元の旅行は魅力的に映る。例えば０次元の破目を外すような旅行をする人から見ると、１次元の旅行では団体で楽しむことができそうだと感じられ、魅力的に思う。１次元の類型の人には、そのうちに、２次元・３次元の旅行の仕方が、羨ましく、スマートに見えてくる。

このように、低い次元から高い次元を魅力的に感じることこそが、旅行を発展させ、大衆化させた原動力でもあるのだ。社会学では階層移動と言うが、自分の社会的な階層上昇欲求が動機付けられるのである。この旅行観の次元の上昇は、当然だが旅行の広告にも影響してくる。３次元の旅行観への突破が、「ディスカバー・ジャパン」の自分探しの旅であったことは、分かりやすいだろう。

そのように見れば、徐々に旅行コンセプトの次元が繰り上がる旅行史の中で、明らかに

「そうだ 京都、行こう。」の思い立って行く感じも、3次元のものである。

「そうだ 京都、行こう。」全体に通底するコンセプト

この章の最後に、広告企画や設計図に照らした、「そうだ 京都、行こう。」のコンセプトを見てみたい。広告業界でよく使用されるこのコンセプトという言葉であるが、いくぶんあいまいに濫用されすぎるきらいがあるから、筆者にとってはなるべく使いたくない言葉でもある。大学の授業でもし学生に「良い広告」とは何かと問うと、「コンセプトをインパクトを持って強くアピールし、宣伝すること」などと、何も言っていないに等しいことを、どういう訳か力こぶを作って言いかねない。

ここで言う「コンセプト」の意味を明らかにするならば、広告全体に通底する考え方のことであり、広告企画をもとに、第2章で述べた広告の全体を形づくる考え方である。「そうだ 京都、行こう。」の広告コンセプトは何か、と言えば、おそらく広告業界的には、やや幅を持った問答がなされるだろう。

一つには、「京都観光を修学旅行や高齢者のものから、今、現役で仕事をしている20代から50代の層に『自分ごと』『今のこと』と思ってもらうこと」という言い方もあろう。たし

かにそのような点も重要である。古都、お寺、仏像、とはそのままではホコリの被ったものと、少なくとも「そうだ 京都、行こう。」以前には思われていた節もある。京都旅行についての時代的な認識に立脚した説明ではある。しかし、これはすでに述べた通り広告企画であり、広告表現に落とし込むにはもう少し具体化する必要がある。

あるいは、「平安遷都1200年にあわせて東海道新幹線のぞみの乗車客を増やす」といった、JR東海に近い経営的な言い方もありえる。広告は、当然ながら扱っている商品にも立脚する必要がある。冒頭で述べた、「ディスカバー・ジャパン」は旅行という商品に立脚していたし、「モーレツからビューティフルへ」はコピー機という商品に接地していたのだ。このような商品との関係は分かりやすいが、これはコンセプトというよりは広告の目的の一つにすぎない。

「しっかりとしたビジュアルと音楽、共感性の高いコピー、説得力に富んだナレーターの語りの絶妙な取り合わせ」といった考え方もあるかもしれない。ただし、それは、本書でいう広告表現のことであり、広告全体を貫く骨太なコンセプトとは、やはり位相の違う解説だ。

筆者は、むしろ設計図で示したように、「首都圏の現代社会の生活に疲れている人を前提に、忘れている日本文化の深いレベルの価値や意味が京都にこそあることに気付いてもらって、心を癒す所・他とは異なる特別な場所として今後も認識してもらう」ことだと考えている。

そしてこのコンセプトは、単に販売促進となってしまっている多くの広告と一線を画している。商品やサービスの価値をいかに表現するかという販売促進の広告とは異なり、広告全体を通して京都ブランドを表現し、記憶の中にイメージを備給して京都ブランドを補強し続けることで、京都という街とともに、長く続くことになったのだ。

第5章

これからの時代の「良い広告」とは

さて、本書では、「そうだ 京都、行こう。」が長く続いてきた理由として、全体として京都を表現する卓越した広告表現、時代ごとに人々が「見たいものを見せてくれている」ことなどを紹介した。また、広告全体を形づくる広告企画や設計図も紹介しながら、「そうだ京都、行こう。」が単なる旅行の販売促進広告ではなく、京都ブランドを利用しながらも京都ブランドを作る広告であることも強調した。

この終章ではそれらの説明を受けて、これからの時代の旅行と「良い広告」につながる試論を行いたいと思う。

現代日本の広告には形がない

現代の広告を語るには、メディアの多様性という観点は切っても切れない。

スマートフォンを使ったネット・ショッピングは伸びており、ゲームや音楽のダウンロードも大きく増えてはいる。しかしながら、スマートフォンでのネット・ショッピングは日本全体の家計消費350兆円のたった0・17％の6兆円にすぎない。広告が関与しようとする消費や取引は、スマートフォンでの消費もあるがもっと大きな消費活動や、BtoBマーケティングでの企業取引についてである。

長年にわたるスポンサード契約

企業名	提供先	備考
TDK	世界陸上	1983年の第1回大会〜現在
キリン	サッカー日本代表	1978年〜現在
レッドブル	エアレース、F1、Xスポーツ、スキーなど	2003〜2019年の16年間、独自のエアレースを主催 選手個人のスポンサードも多数
キユーピー	TV番組『キユーピー3分クッキング』(CBC・NTV)	1962年の放送開始〜現在
ヤンマー	TV番組『ヤン坊マー坊天気予報』(民法各局)	1959〜2014年の54年10か月
資生堂	TV番組『おしゃれ』シリーズ(NTV)	1974年の放送開始〜現在

長年効果を持つキャッチフレーズ・スローガン・ブランドメッセージ

企業名	キャッチフレーズ・スローガン・ブランドメッセージ	備考
大成建設	地図に残る仕事	1992年〜現在
ダイキン工業	空気で答えを出す会社	2017年〜現在
丸大食品	わんぱくでもいい、たくましく育ってほしい	1970年代テレビCM〜現在
リクルート	まだ、ここにない、出会い。	2007年〜現在
ミツカン	やがていのちに変わるもの。	2004年〜現在
デビアス	ダイヤモンドは永遠の輝き (A Diamond Is Forever)	日本では1970年代〜2000年頃
本田技研工業	The Power of Dreams How we move you (夢のチカラで、あなたを動かす)	2001年〜現在、再定義し 2023年に副題「How we move you」を追加
伊藤忠商事	ひとりの商人、無数の使命	2014年〜現在
パタゴニア	私たちは、故郷である地球を救うためにビジネスを営む	2018年〜現在

表を二つ掲げる。

例えば、現代の広告は、20世紀のようなテレビ番組の間だけにある訳ではない。その企業のブランドを、社名といっしょに必ず提示して、長期間にわたり維持してもらうというのも、ある種の広告となるのである。形式がテレビ、新聞、雑誌、ラジオといったマスメディアだけでは捉えることが難しく、あの手この手を使うのが現代の広告である。なぜならば、スマートフォンが普及し、SNSで個人でも情報発信ができる今日の情報環

ターゲットが明確な広告事例

誰が	何のために	実施したこと
東京オリンピック組織委員会	コロナ下の2021年の延期開催への国民的な盛り上げ	全国のべ 10,515人の聖火ランナーが47都道府県を114日で巡る
防衛省・自衛隊	実働部隊隊員定員割れの解決	映画等メディアへの協力・協賛
熊本県	九州新幹線鹿児島までの全線開業に伴う観光客通過対策	くまモンを起用したPR
グリコ	東日本大震災被災者への配慮	道頓堀のネオン消灯
国立科学博物館	電気代等の高騰による維持コストの不足を支えてもらいたい	クラウドファンディング

境では、20世紀のような一方的で押しつけがましいマス広告ではもはや届かないといった認識を広告の送り手が持っているからである。

広告がメディアや形式、手法で捉えられないことを前提に、広告を広告主（誰が、who）、目的（何のために、why）、行ったこと（何を、what）の三つの観点で、何とか捉えて表にして見てみると上のようになる。

新型コロナウイルスの流行により1年延期され2021（令和3）年に開催された東京2020オリンピック・パラリンピックも、国民世論ではその年の春においても「中止」「再延長」「実施」の三つに割れており、その結果の無観客での開催となった。そんな中で、国民の実施への期待を醸成する広告のような役割を果たしたのが「聖火ランナーの全国縦断」だったのである。

映画『シン・ゴジラ』にも『ゴジラ−1.0』にも、多くの自衛隊の協力、協賛によるシーンが多用されている。エンドロールには部隊名が長々と紹介される。この目的として、実働部隊の隊員の定員割れという問題がある中で、自衛隊に好意的な印象を抱いてもらうという大きな広報と見ることもできる。

くまモンは、熊本地震の復興支援の御礼で全国を飛び回ることともなったが、もともとは九州新幹線が鹿児島まで全通したときの「熊本飛ばし」を回避するためのＰＲが目的だった。たしかにその露出量と認知は、第１回ゆるキャラグランプリ１位にも選出され、全ゆるキャラ７１４体（２０１１年に日本経済新聞が市以上の全自治体に調査した結果）の中でも最も多かっただろう。

大阪道頓堀のグリコのネオンは２０１１（平成23）年３月11日の夜、周囲のネオンが点灯していたのにもかかわらず、消されていた。関西での東日本大震災の被害は、関東と比べると、ないに等しかった。グリコの宣伝部は、「今日は何があったのかまだ分からないが、たくさんのお客さんが大変な目にあっている。今日は商売の日ではないだろう。」と判断しネオンを点けなかったのである。結果、道行く人によって「グリコ、ネオン消えてる」とツイートされ、「グリコ、えらい」とリツイートされてバズった。再点灯は20日ほど経ってからになったが、ニュースにもなり話題となった。その後「尊い命をなくされた方々のご冥福をお祈りし、また大きな被害を受けられた皆様に心からお見舞いを申し上げます。」などのテロップ、ナレーションが多くのテレビやウェブサイトなどで掲載されたが、当日「ネオンを点けないこと」を迅速に判断したことで、結果として広告のような大きな効果につながったのである。

このように、広告にはすでに形がないと考えるほうが妥当な状況なのである。

「そうだ 京都、行こう。」では、設計図として、4章にその広告企画全体の骨格（行ったこと（何を、what））を示し、それが長期の一貫性を保持させていることに触れた。この視点で言えば、やはり京都ブランドをもとに、「今化」「自分ごと化」につながるような読後感の構築・維持が目的（何のために、why）ということになるが、形式を見ると、現在では公式サイト、ＹｏｕＴｕｂｅチャンネル、ＳＮＳアカウントなどメディアも多様化している。

広告は、その外形だけを見てもこのように分かりづらくなっている。とりわけ、テレビ、新聞、雑誌というマスメディアが人々の情報環境を広く覆っていた20世紀と、現代の情報環境はあまりに違う。つまり現代の広告とは、言わば目に見えないのである。

このように広告が多様化した現代では、うまく進められるためのレシピなどなかなか書けるものではない。もちろん前章までに紹介してきた「そうだ 京都、行こう。」、やオリンピック、くまモンの例など、うまくいった理由を考えることはできるが、相対的にうまくいっている事例というだけであり、定式化することは非常に難しい。

ただ、特定のメディアに拘泥するのではなく、「広告には形がない」という意識を持つことは、これからの良い広告を考える上で有効な視点であろう。

一人ひとりが自分で意味を作る行為としての「旅」

これからの旅行と広告を考えていく前提として、やはり旅行観の展望を語る必要がある。第1章で旅行観の変遷を、第4章で広告と対応した0〜3次元の旅行観を紹介した。では、3次元の旅は現在どのような形を取っているのか。私は、二次創作や聖地巡礼がその一つではないかと考えている。

二次創作と聖地巡礼は、アニメやマンガ文化の中のキーワードと見られている。二次創作は、既存の作品をもとに新たな作品を創り出す行為を指す。これは、ファンが作品に対する愛着や敬意を表現する一つの方法であり、作品の世界観を深く探求し、それを自分自身の創造性を通じて再解釈することと言える。

一方、聖地巡礼旅行は、特定のアニメやマンガの作品に登場する場所を訪れる行為を指す。これは、ファンが作品の世界観を直接体験し、作品に対する愛着を深める一つの方法と言える。

これら二つの行為は、ファンが作品とより深く関わるための異なる手段を提供し、それらはしばしば相互に影響を与える。例えば、二次創作の一環として、ファンが作品の舞台となった実際の場所で物語を再現する写真を撮ったり、その場所に基づいた新たなストーリーを創り出したりすることがある。また、聖地巡礼旅行を通じて得た体験や感動が、新たな二次創作のインスピレーションになることも珍しいことではない。

とはいえ、この二次創作と聖地巡礼がアニメとマンガの世界のことだけだ、と考えるのはあまりにも浅はかである。

既存の作品の再解釈や新たな創造を、奈良・平安時代から行っていたのが和歌の本歌取りである。これは、現代でいう二次創作のことである。人気のある一つの作品が、別の作者によって別の作品に作り変えられてゆく。パロディやパスティーシュ（作風を模倣すること）も類似の概念だ。過去の作品を踏まえたり引用したりすることによって、自分の新たな作品を生み出すという方法は、古くから見られた。さらに、アンサーソングという方法もあり、既存のポップソングが男性の立場で歌われる内容だとして、その歌を相手の女性の立場からの歌詞に作り変えるというものだ。これは本歌取りでもよく用いられる方法である。また、お笑い番組でよく見る謎掛けや大喜利の、すでにあるものを意外なものと組み合わせてその共通点で驚きや笑いを誘うという構造は、和歌と共通するところが多々あるともされている。

元の作品へのリスペクトや愛着があって、こうした行為が世代を超えて受け継がれていると考えるのが、二次創作や聖地巡礼を理解する上で妥当である。

二次創作や聖地巡礼の旅行の深化

では、こうした二次創作や聖地巡礼が旅行と結びついたのはいつからだろうか。

聖地巡礼が一つの旅行形態として広まったのは、１９８０年代から行われていたロケ地探訪とされ、短い歴史である。しかし、二次創作や聖地巡礼を「リスペクトを持った模倣」と捉え直してみると、やや事情は変わってくるのではないだろうか。

例えば、昭和の社員団体旅行が畳敷きの大広間で大宴会を行っていたことは、信長・秀吉以来の大広間の使い方の真似だったという見方もできる。ハネムーンは古代ローマに起源を持つが、19世紀初頭から、イギリスでは中産階級以上の豊かさの印としてブライダル・

ツアーが普及した。ただ、日本では恋愛結婚自体がもともとマイナーであり、家と家のつながりを重視した見合い結婚が多かった。日本での新婚旅行の流行は、ブライダル・ツアーの模倣とも捉えられるが、一方で「家庭（ホーム）」を形作る異性間の精神的なつながりという愛情形式が日本社会に受け入れられていくプロセスの象徴でもあったのだ。

このように、広義での二次創作や聖地巡礼の旅行で考えてみると、実はもう少し古い時代に起源を持つとも考えられるのである。

そんな、3次元の旅行観の深化としての聖地巡礼を京都に当てはめてみると、実に関心の個別性が高く、多様である。

ある人は染織を学ぶ。ある人は水辺を巡る（京都駅から琵琶湖まで雨の日傘を差さずに行けるのだ）。ある人は、200以上ある博物館をすべて訪れようとする。ある人は習い覚えたイタリア語でできるボランティアを京都で行う。またある人は、応仁の乱の頃の遺構だけを探し回る。ある人は現役の木彫仏師である宮本我休の作品だけを見て回る。もちろん清水焼の泰斗・河合寛次郎の足跡を辿る民藝の源流探訪をする人もいるかもしれない。さらにある人は前章で述べた大河ドラマやエンターテインメント・コンテンツを見て、京都の舞台を訪れる。

こうした個別性の高い、その人だけの価値を探求する旅行とは、オーバーツーリズム対策にもつながる。なぜなら、一般的な京都に対する関心をずらしているからである。

オーバーツーリズム対策としてよく言われている「時間ずらし」は、例えば早朝の落ち着いた京都に興味を持ってもらうことである。また本書でも触れた高雄など、中心から少し離れた場所に訪れてもらう「場所ずらし」も、その土地のまた違った側面に関心を持ってもらうことで成立する。すなわちどちらも、実は関心をずらすことを意図している。

二次創作や聖地巡礼といった個人の旅行の多様化・個別化は、背景として個人の関心がバラバラであり、各々が京都の様々な場所を訪れるため、一ヶ所に一時に人が集中しないことにつながる。テーマ性の高い目的型旅行が増えることや、滞在型の旅行が増えるといったことの根底の動機がこれである。当然、一人ひとりが自分の聖地を持つということである。

そのように旅行が個別化・多様化していく中で、広告はどうなるのか、あるいはどうすべきなのか。おそらく、このことをほのめかしているのが、2023（令和5）年の「そうだ 京都、行こう。」のキャッチコピーだと考えられる。

口から六体の仏像が出ている空也上人像は、京都にある六波羅蜜寺の所蔵であるが、この年の広告では、六波羅蜜寺自体に焦点は当たっておらず、空也上人像だけがビジュアルになっている。

3章の本願寺界隈でも触れたが、浄土真宗の宗祖である親鸞、そしてその師であり浄土宗開祖でもある法然は、それまでの千日に及ぶような過酷な修行なしに人は、悟りに至ることができるという、その修行を知る人からすれば恐ろしい宗教改革を成した2人である。浄土真宗は日本仏教最大の信徒数を持ち、浄土宗を加えると日本でもっともメジャーな仏教宗派である。その開祖親鸞、その師にあたる法然にさらに先んじて、浄土教の「称名念仏（「南無阿弥陀仏」の名号を口に出して称える念仏）」を明示、実践したのが空也である。また、比叡山で修業をした高僧は、開祖最澄、源信、法然、親鸞、栄西、道元、日蓮と、日本仏教諸派の大看板が列挙されることからも、いかに比叡山が日本の仏教で重きをなしたかが分かる。その比叡山で受戒した空也は貧困、疾病に苦しむ庶民にも教えを広めたとされる点でも、宗教改革者と言える。

こうした空也を、人はどう見るか。

自分の口から出る言葉で、人から与えられた意味ではなく、受け手それぞれの意味を紡ぐ。ちょっと「その答えを探す旅」は難しいという挑戦を、このバージョンは行っている。

ここで言う挑戦とは、自分の言葉で自分の物語を作ることへの挑戦である。あるいは、自分の言葉で、旅と人生の意味を作るという挑戦である。空也像の口から出ている「仏像六体」は「南無阿弥陀仏」の六文字。浄土教というコペルニクス的な宗教改革を言う空也は、たしかに世に言葉で価値を打ち立てたのである。凄まじい挑戦が日本最大の宗派を生み出したのである。

また、２０２４（令和６）年の作品では、「明日もまた同じこと、考えていたと思う。」と、ずいぶん解釈の幅の広いことを広告の受け手に投げたようなコピーだという気もする。「同じこと」とは、仕事での悩みや将来への不安等々このコピーに触れる人によって、解釈が様々である。

そんな多様な解釈の中で、「ここに来てなかったら私、明日も同じこと、考えていたと思う。」という気付きにも焦点を合わせている。旅の非日常体験がもたらす日常の悩み・不安にとらわれる自分自身への気付きであり、新しい自分への変身を意味する。

特定の神社仏閣や観光スポットの紹介ではない「そうだ 京都、行こう。」の広告には、近年のオーバーツーリズムへの配慮があるのかもしれない。ただ、京都という街が、多くの人に共通する普遍的なものとして、非日常体験や新たな自分への変身を示唆していると見ることもできるのである。

ここまで二つの広告のキャッチコピーを例に見てきたのは、個別化・多様化が広がる中での広告のあり方を考えるためである。

一つには個別性の高い情報に寄り添う形の広告が考えられるだろう。現代のスマートフォンの中の広告は、閲覧データやGPSなどの位置データを駆使して、京都に度々行く人、特定の京都観光情報に頻繁にアクセスする人を識別するだろうから、宿泊施設や旅行商品の広告がおのずと増える。とはいえ、こうした広告はあまりにも表層的な広告現象である。例えば、個人情報を活用する場合に個人情報保護法の改正が影響するように社会情勢の影響を大きく受けるし、個別性の高い情報もブームと言う形で、一過性で必要とされなくなる恐れがある。そのため、こうした広告は、本書の詳述するような長期にわたり続く広告ではないのではないか。

そうではなく、むしろ人々の個別性・多様性が高まるからこそ、先に見た「そうだ 京都、行こう。」の広告のように、深いところで共通に持つ普遍的な何かを担うことで、広告は長く続くのではないだろうか。「そうだ 京都、行こう。」が京都という街を取り上げ続け、そこに多くの受け手が見る日本文化の深みをメッセージとして含めることで、個別性が高まる中でも多くの人々に受け入れられるのである。

３次元の旅の行方

以上のように３次元の旅行の深化として二次創作や聖地巡礼を位置付けたが、さらに一歩進んで、３次元の先にはどのような旅行が仮置きされているのだろうか。そのことを端的に表した「そうだ 京都、行こう。」のバージョンもある。

３次元の次に位置付けられるのは移住だと考えられる。

移住とは、「今までのコミュニティとは別の考えを持っている人たちから成る、異質な社会で暮らすこと」である。そして移住先に選ばれる都市というのは、その都市に住む人が持っている考えが好ましいと思われるような場所である。京都という都市に限って言えば、好ましいと思われる考えこそ、「京都ブランド」に対しての見方に他ならない。

大人にとっての移住は仕事、収入、生活に大きく関わるため、気軽には決められない。しかし、自分自身を変える、別の自分になるためには、移住は大きな手段だ。例えば、ある人が自己紹介で「数年ニューヨークで暮らしていました」と言えば、その人がまったく違って見えるだろう。

筆者は、大学人なので、日本の社会には珍しく、専門性で転職するいわゆる「ジョブ型」の仕事だった。例えば、アニメ研究、ポピュラー文化研究といった専門分野の人が欲しい大学は、全国から（昨今は世界から）その任にふさわしい人を公募する。これに、履歴書やら、今まで書いた著作やら論文やらを添えて、多くの人が応募する。

そうすると、採用された人は大阪や東京、北海道のほか、驚くべきはアメリカや中国などの海外から応募し、京都に移り住むのである。筆者自身は、大阪に生まれたが、大学入学以来サラリーマン生活を通じて27年間東京中心の生活をしていた。その後ご縁があって、京都の大学に転職したのでこのあたりのことはよく分かる。

東京の会社を辞めて京都の大学に転職することを周囲に言った際の、羨ましそうな反応が忘れられない。社交辞令もあるとはいえ、事実に対してというよりは、発言者自身の願望、欲望を言っているのである。

もう一つ移住が多いのは、大学進学時である。親の自宅から通えない地域の人や一人暮らしをしたい人は、京都の大学を選べば、18歳からの移住が叶う。実際、国立京都大学を筆頭に、大学もたくさんある。京都の大学は総じて人気で、京都市の人口150万人のうちの1割が大学生と言われるほどだ。こういう人たちは、卒業後、一生、「大学はどちらですか」と聞かれれば、「あ、京都です。京都大学じゃないですけど。」などと答えながら、にっこりとほほ笑むことができる。たずねた方は、ほぼ確実に「良いですね。楽しかったでしょう。」といった好意的な反応を示してくれるのだ。

したがって、４次元が移住だとすると、すでに日本社会の多くの人の心の中で、京都は移住したくなる都市というイメージが成立していると言ってもいいのである。

多くの人が関心を持つ京都だから住んでみたい

では、東京という街はどうだろうか。家賃が高い割に部屋は狭かったり、満員電車に乗って郊外から長い時間をかけて通勤したりと、それなりの苦労がある。それでも東京に暮らす人は、どの程度自覚しているのか程度の差はあれ、東京に住む魅力にはまっていると言えるのではないか。

多くの人がそう感じているであろうから、国際比較の点でも、現在の東京都人口１４００万人、首都圏人口４４００万人は驚異的である。国連もメガシティと呼ぶ単一の行政自治体を超えて政治・経済的に一体となっている都市圏を認識している。この考え方では、デリー（インド）、上海（中国）、メキシコシティ（メキシコ）、サンパウロ（ブラジル）などの都市圏人口が３０００万人から２０００万人の間で、東京首都圏が頭抜けて大規模であることが分かる。

何らかの理由で東京を離れ、他の都市で移り住んだ人が感じることに「何となく寂しい」「街に情報が少ない」「日々刺激が少ない」といったことがある。国内転勤の経験を持つ人や、いわゆるUターン、Jターンと呼ばれる形で、首都圏の大学から地方の企業に勤めた人の多くは納得していただけるかもしれないが、寂れた旧街道沿いの歩道上には日よけの付いたシャッター街のメインストリートと、大規模な郊外のショッピングモールは、多くの地方に見られる風景となっている。そういった地方都市と比べると、東京という街は非常に多くの魅力を持っているように見える。

その文脈では京都にも、東京に引けを取らない「刺激」「情報」を支える都市の多様性があると考えられる。この点をテーマに『もし京都が東京だったらマップ』(岸本千佳、イースト・プレス、2016年)という珍しいタイトルの書籍があるくらいである。

表は、同書を下敷きに筆者が修正、加工し、よりピンと来ていただきやすいように、参考情報として大阪を加えたものである。むろん、こうした表は、作成者の主観が反映されるが、何となくその場所の持っている雰囲気や個性を表しているように思える。京都の持つ、多様で、豊かなイメージは、やはり他の地方都市にはない質量を持っていると言って良さそうなのである。

東京・大阪との対応に見る京都の街の性格

	京都	東京	（参考）大阪
都心	烏丸	丸の内	本町
	京都駅	品川駅	新大阪駅
官庁街	丸太町	霞が関	谷町4丁目
住宅地	下鴨	田園調布	六麓荘
	北山	代官山・青山	堀江
	西陣	谷中	中崎町
	北大路	二子玉川	千里中央
	北野	松陰神社前	住吉大社
商店街	三条会商店街	武蔵小山商店街	天神橋筋商店街
	千本通	合羽橋	日本（にっぽん）橋
繁華街	祇園	浅草・神楽坂	北新地・宗右衛門町
	四条通	銀座	心斎橋
	河原町・烏丸	渋谷・裏渋谷	なんば・アメ村
	山科	錦糸町	十三
	しもにし	お台場	天保山
大学街	吉田	本郷	石橋阪大前
文化施設	岡崎	上野	天王寺
近郊行楽地	鞍馬	箱根	有馬
	嵐山	鎌倉	箕面
	伏見	川越	阪神住吉

引用：『もし京都が東京だったらマップ』（岸本千佳 、イースト・プレス 、2016年）をもとに筆者作成・加筆

仮に首都圏を離れ京都に移住しても「田舎暮らし」でも「都落ち」でもない（京都は都）。京都は移住をして「刺激」や「情報」面で寂しさを感じずに生活ができる多様な性格を持つ、首都圏以外では往々にして感じられる均質化していない豊かな都市なのである。

良い広告とは何か

ここまでの議論は旅行、そしてその先にある移住に特化した話だったが、３次元の旅

行の特徴として挙げた関心の個別化・多様化は、旅行以外の消費領域でも同様に観察されている。そのときに、画一的なマーケティングは20世紀のままでは低次元のものとなる。奇しくも藤岡和賀夫が著書『さよなら、大衆。感性時代をどう読むか』（ＰＨＰ研究所、１９８４年）で、成熟した消費社会において企業が多品種で少量生産の販売戦略を唱え、少衆コンセプトとなることを打ち出していた。ただ残念なことに、ＳＮＳという情報インフラのない少衆論は理屈に終わるきらいがあったのだ。

ネットやＳＮＳなどデジタルでのマーケティングでは、顧客層・セグメント別の情報をもとに、クーポンなども使いながら販売促進を行う。一方広告では、深いところでセグメントに限らず共通に持つ普遍的な何かをメッセージとして発する。多くの具体例があることとは、読者にも気が付くのではないだろうか。

すでに、「そうだ 京都、行こう。」２０２４（令和６）年のバージョンがクリエイティブな旅を言っている。その広告表現を見てみると、旅という非日常を通じて、自分のものの見方を変化させ、それまでの自分自身を不連続に変身させることが示唆されている。京都を旅した人は「歴史や文化を学んだ」とよく言うかもしれないが、旅行で得られる学びとはもっと深いところにある。深い「学び」とは、知らないことを知識として知ったというこ

と以上に、自分がまったく違う自分になるようなダイナミックで知性的な営みである
　では、自分の変化はどのようにしてもたらされるのか。それは、自分のすでに知っていたことの意味に気付くことや、日常の悩みにとらわれていた自分への気付きを得ることによる。人に変化をもたらすそういった営みは、もともと仏教寺院が担っていたことであり、説教、法話巡りも今でも意味を持つ。そして、仏教寺院が多い京都ではそのようなことがいっそう可能なのである。
　繰り返しになるが、われわれ現代人が忘れているけれども、実は見たいものを京都は見せてくれる場である。静澄な時空間、悟りにつながるような知恵、仕事を通じて至る幸福、自然と文化の調和といった永続する確かな価値である「京都ブランド」。つまり、日本文化の中心的な価値と意味を京都は提供しているし、今後そのことに気付く人が増えるであろう。そのことを本書は確かめつつ、京都への観光旅行を豊かにすることとは、実は、それまでにその人が持っていた知識やイメージとの関係性によることを言った。
　もちろん、そういった知識や教養があると京都への見方はより深まるかもしれない。しかし、静澄な時空間や自然と文化の調和といった、多くの人が共通して抱くイメージを持って京都を訪れても、現代の文明社会の悩み多き日常を相対化させ、心の安らぎを十分に感

じられるだろう。日本文化の持つ力とは、岩倉具視ならずとも、多くの人が、実はよく知っていることなのである。

最後に、「良い広告」とは何か。筆者なりの考えとしては、受け手の自覚していない「見たかったことを見せること」を通じて、ものの見方の変化を与え、その人にとっての大事な意味に気付かせ、多くの人にとっての見て良かったと思える、コミュニケーションである。そして、そのコミュニケーションを通じて社会に意味と価値を打ち立てることにもなる。

「そうだ 京都、行こう。」は、このように次の時代の旅の深化に先駆けて対応し、時代を引っ張っていく力があったから「良い広告」であり、30年の支持を得た奇蹟なのである。

おわりに

本書は、鉄道ファンと広告に興味を持つ方、その両方の読者を想定して企画された一冊である。けれども、鉄道ファンの方からは、さぞや違和感のあるお話だったのではあるまいか。事実筆者は、とりたてて言うほどの鉄道ファンではないし、強いて言えば「交通広告見る鉄」ではあるが、そんな鉄道趣味のジャンルは聞いたことがない。

けれども、広告研究者ながら一応社会学部という組織に20年籍を置いたこともあって、内容的には、観光社会学の読み物としてさほど的外れなものではない、という自負もある。鉄道専門書ではないが、一般向けの観光関連書にはなっていると思う。

住んでいる人にとっては何の変哲もない街でも、観光地として他所から訪れる人にとっては魅力的に映るように、観光は魔法のような力を持つ。その魔法がうまくいっている状態を、京都と「そうだ 京都、行こう。」を例に紹介できたのではないかと思っている。

片や、広告関係者にはどう見えるか。21世紀の広告関係者は、タップ数やダウンロード数などをどう稼ぐかといった世界に生きているから、下手をすると本書は20世紀の昔ばなしである。とはいえ、ネット・ショッピングであっても、欲しいから買うのであって、欲しいと思ってもらえないものは結局安売りでも売れない。安売りとは販売促進の象徴である。本書は、「京都に行ってみたい」と欲望され、そこに「そうだ 京都、行こう。」が貢献したことを扱っており、むしろ広告の前提の「モノに付加する価値」を論じている。

言い換えれば、「モノを売るのが広告」、といった理解の奥にあることを扱っているのだ。多くの人々が、本人も自覚しないような、しかし心から欲することをつまびらかにする。本文中度々言った「言って欲しいことを言う」とはこのことである。広告は、多くの人々を場合によっては救うような、世のためになる仕事であることを、今の広告関係者には感じて欲しいと願いつつ、本書を書いた。多くの人は日々ウクライナやガザのニュースに触れ、「言って欲しいこと」が溜まっているのではないか。

赤十字に寄付すること以上に人びとを変える力が、広告には待たれているのである。広告、というのが嫌なら「世を変えるコミュニケーション」が待たれるのである。

蛇足ながらも、以下四点、本書の成り立ちについて付言を。

一つには、筆者自身が大阪生まれで、大学進学以来27年間東京の生活をし、2002（平成14）年に京都の大学、次いで2004（令和6）年に大阪の大学にご縁を得て、大学人となって以降2015（平成27）年まで妻子を東京に置いた生活をしたことに関わる。つまりこの50年間、東京と関西を行ったり来たりしていたのだ。今回のお話をいただいて即座にいけそうだと思ったのは、東京で「そうだ 京都、行こう。」のテレビCMに度々接していたからである。大阪にずっと暮らしていても、逆に、東京にずっと暮らしていても書けなかった。

二つ目には、広告制作者は、広告の外では基本は語らない（種明かしなどしない）。したがって、筆者のような非制作者が語りえることもある。さらに、例えば商品のパッケージデザインが気に入らなければ買わなければいい。ところが、もしその広告が気に入らなければ（実際ジェンダー問題が端的だが）クレームが入り、広告が差し止められる場合がある。このパッケージと広告の違いが何を意味するかというと、「いったん世に出た広告は誰もがどうこう言える」のだ。ここのところをないがしろにする21世紀の広告も少なくない。そんなこと（硬い言葉で言えば「広告の公共性」）も感じながら書いた。

三つ目には、とはいえ本書で紹介した広告企画と設計図が、制作者でもない筆者の完全な推論かというと、さすがにそんな「目をつぶってつり橋を渡る」かのような怖いことは行ってはいない。筆者と電通入社が同期で、社内ではクリエイティブ担当の常務執行役員を務め、30年前には「そうだ 京都、行こう。」テレビCM第一作の清水寺のナレーション録音にも立ち会った、真言宗阿闍梨（！）の元井康夫さんに一回だけ話を聞いた。「そうだ元井に話を聞こう。」（同期は呼び捨て）と思ったのが、本書執筆の裏付けとなった。ただし仏教の教義については聞いていない。このことは、お名前をあげて深謝する。

最後になったが、交通新聞社の小宮康平さんには、見ず知らずの筆者によくお声をかけていただいた。一度は京都での取材だったが、オンラインでの打ちあわせがメインで、三度しかリアルではお目にかかっていない。それでも本書を可能とさせたのも21世紀的な魔法である。遅れがちの筆者の筆を決して急かさずに、精妙な編集をしていただいたお陰である。お名前をあげて深謝する次第である。

2024年9月

観測史上最高気温の年の大阪にて

筆　者

「そうだ京都、行こう。」テレビCMナレーション及びポスターキャッチコピー一覧

テレビCMは注記が無いものは全て30秒

種類	年	季節	場所等	ナレーションまたはキャッチコピー	備考
テレビCM	1993年	秋	三千院・清水寺	昼間から、自分の足音が聞こえる場所があることを、知りました。 「忙しい、忙しい」が口癖のあなたを、ご招待したいものです。 絵葉書だけで分かったつもりになられると寂しい……と京都は言っています。 京都は１２００年目の秋です。 そうだ 京都、行こう。	60秒 ナレーター：長塚京三さん
テレビCM	1993年	秋	清水寺	中学校の時、修学旅行で来てるのになあ。 全然違うなあ。 ハァー……。 京都は１２００年目の秋です。	
ポスター	1993年	秋	清水寺	パリやロスに ちょっと詳しいより 京都にうんと詳しいほうが かっこいいかもしれないな。 外国のビジネスマンって、けっこう京都のことよく知ってたりするんだよな。	
テレビCM	1993年	秋	三千院	パリとかロスにちょっと詳しいよりも、 京都にうんと詳しいほうが、かっこいいかもしれないな。 やぁ！ 京都は１２００年目の秋です。	

種類	年	季節	場所等	ナレーションまたはキャッチコピー	備考
ポスター	1993年	秋	三千院	京都　大原　三千院 恋に疲れたおんな、に 見られるのもいいかな。	
テレビCM	1993年	秋	地蔵院	竹やぶを抜けると、思いっきりくつろげる隠れ家がありました。 「横にならないでください」の貼り紙がありました。 なるほど、 京都には、１２００年分の のんびり があります。	
テレビCM	1993年	秋	龍安寺	ここには、石と砂で出来たクイズがあります。 何百年も、正解の出ないクイズです。 あっ！ 分かった……かな。 京都には、１２００年分の謎があります。	
ポスター	1993年	秋	蓮華寺	紅葉なんて どこにでもある、と 思っていました。失礼しました。 お抹茶、和菓子、紅葉浴まで付いて７００円。 え、それで何時間、座っていてもいいんですか。	
ポスター	1993年	秋	平安神宮	新しいものばかり 追いかけている人は、 いつも不安だろうなあ。	

参考資料

テレビCM	ポスター	ポスター	ポスター	ポスター	ポスター
1993年	1993年	1993年	1993年	1993年	1993年
冬	秋	秋	秋	秋	秋
三十三間堂	南禅寺	南禅寺・南禅院	常寂光寺	平等院	大覚寺・大沢池
はぁーーーっ……！ 京都には、1200年分のびっくりがあります。	外国の人が感動している。 ほとんど外国人みたいな息子も 感動している。 いい国でしょ。日本は。	知らないうちに 正座なんか、していました。 この私が。	紅葉なんて どこにでもある、と 思っていました。失礼しました。 去年の今頃、オレ、ナニしてたんだっけ。どうせ忙しい忙しいって言ってたんじゃない。	人の成功、失敗、 一二〇〇年ぶん。 京都は勉強になります。 「なに、ここ藤原さんの別送だったんだって」「こういうところに住みたいね」	絵葉書だけで わかったつもりになられると 寂しい。京都が言っています。 考えてみれば、1200年もかけてできた秋の中に居る。年季の入った風景ってわけですね。

種類	年	季節	場所等	ナレーションまたはキャッチコピー	備考
ポスター	1993年	冬	三十三間堂	修学旅行のときは 「仏様が一〇〇一体、それがどうした」 って、かんじでしたが…。 帰ったら、なつかしい日本史の教科書「平安時代」のページでも、読んでみようかな。	
テレビCM	1993年	冬	天龍寺	ここは、いわば「禅の学校」です。 私もちょっと坐禅なんか組んでみました。 頭がすっきりしたぶん、足が痺れました。痛っ！ 京都は、１２００年目の冬です。	
テレビCM	1993年	冬	伏見稲荷大社	私は、今、「むかしむかし」に向かって歩いています。 あれ、どこまで来たのかな？ １２００年を行ったり来たりできる京都です。	
ポスター	1993年	冬	伏見稲荷大社	「これからのニッポンは？」 の悩みには、 「むかしむかしのニッポン」が お答えします。 一つくぐると一年むかし。と考えると、 さっきカーブしたあたりで三〇〇年はもどったってことなんだ。	
ポスター	1993年	冬	東寺	戦乱の世の武将たちを ホッとさせました。 平成の企業戦士たちにも、 よく効きます。	

参考資料

テレビCM	テレビCM	ポスター	テレビCM	テレビCM	ポスター
1994年	1994年	1994年	1994年	1994年	1993年
春	春	春	春	春	冬
仁和寺	平安神宮	平安神宮	平安神宮	平安神宮	龍安寺
さっき、バス停で見かけたお坊さんの後についてきたら、 いつの間にか、桜の中にいました。 こういうことってよくあるんです。 京都は、１２００年目の春です。	ここは、１２００年前の京都を再現したものだそうです。 １９９４年の記念に１枚。では、おみくじも、 「おっ、大吉」	どうせなら、 こういうところで 「大吉」のオミクジ 引いてみたい。 恋愛運も仕事運も「おおいによろし」と、いきたいものです。	「鳴くよ　ウグイス　平安京」なんて、ありましたね。 １２００年前の京都ってこんな感じだったんだ。 いや、なかなかモダンです。 京都は、１２００年目の春です。	京都に今年もまた、初々しい花が咲きます。 １２００年変わることなく、この町を彩ってきた春の色です。 平安京は、とてもモダンな町でした。	石と砂でできたクイズです。何百年も、正解が出ていません。 三〇分たっても？？？…。まだ人生修業が足りないのかなあ。

種類	年	季節	場所等	ナレーションまたはキャッチコピー	備考
テレビCM	1994年	春	仁和寺	徒然草の中に「仁和寺の法師」という話があります。 学生諸君、ここが、つまり、その仁和寺です。 そういえば、あの教科書どこにしまったっけ。	
ポスター	1994年	春	円山公園	こういう時代、 気合いの入ったサクラが 見たいものです。 いろんな時代を生き抜いてきたサクラだもの、やっぱりちがうな。	
ポスター	1994年	春	渡月橋	「春はあけぼの…」 という彼女の意見に、 私も一票、投じます。	
ポスター	1994年	春	天龍寺	ヤル気をなくした人には 少々、手厳しい風景も 用意しました。	
ポスター	1994年	春	銀閣寺	銀じゃなくても…。 銀じゃないから…。私は、好きです。 「ここが義政、富子の住まいですか」「お金がなくて、銀にできなかった…」 「かえって、よかったね」。	

参考資料

テレビCM	テレビCM	ポスター	テレビCM	ポスター	テレビCM
1994年	1994年	1994年	1994年	1994年	1994年
秋	夏	夏	夏	夏	夏
嵯峨野	比叡山	比叡山	比叡山	祇園	祇園
「この辺にあるといいなあ」と思う所に、ちゃんと紅葉があるんです。 そこが、京都なんですね。 ほら。 京都の秋は、もてなし上手です。	都会では、夏休みをいかがお過ごしですか。 私は今日、比叡の山の中で人生観がグラッとする話を聞きました。 比叡から暑中お見舞い申し上げます。	比叡の山に登りました。 人生観が、グラッとするような 話に、出会いました。 ラクな道ばかり選びたがる自分に、反省をうながしています。	思ってみれば、楽な道ばかり選んできたかな、 などと、あまり楽じゃない道を登りながら、そう思いました。 人生観、少しグラッ。	変えずにきたことへの 努力に、 敬意を表したいと 思います。 大きな玄関も、広いベランダもないけれど、祇園は豊かな町並みでした。	祇園を歩く時は、むしろ、地図なんか開かない方がいいかもしれません。 一筋入ると、京都はもっと京都でした。

種類	年	季節	場所等	ナレーションまたはキャッチコピー	備考
ポスター	1994年	秋	祇王寺	なにしろ、日本でいちばん 四季にうるさい町の 紅葉ですから。 このへんにあるといいな、と思うところに、ちゃんと紅葉があるんです。京都では。	
テレビCM	1994年	秋	高雄	「これだけのもみじ、掃くのが大変ですね」 とお坊さんに聞いたら、 「何、時間などいくらでもありますから」 という答えでした。 いやあ、羨ましい。	
ポスター	1994年	秋	神護寺	紅葉が見事、 というだけでは 名所になれないんだそうです。 京都では。 紅葉の中で暮らす人がいて、紅葉の中で微笑む仏様がいて、ただもんじゃないな、京都の秋は。	
テレビCM	1994年	秋	北山	はっきり言います。 ここは京都の上級者コース。 とっておきです。 で、お寺の名前は……、教えません。	
テレビCM	1994年	秋	嵯峨野	(台詞)「誰が言わはっても、紅葉は京都とちがいますやろか。特に嵯峨野はよろしいおすえ」 (ナレーション)ここが一面、紅葉する様をご想像ください。	15秒

テレビCM	1994年	秋	高雄	（台詞）「このお山が極彩色の山水屏風のようになるんです。それは、素晴らしいですよ」 （ナレーション）この山が一面に紅葉する様をご想像ください。	15秒
テレビCM	1994年	秋	北山	（台詞）「わしら紅葉のきれいな年は、よう、わかりますねん。今年の紅葉はすごそうでっせ」 （ナレーション）このあたり一面が紅葉する様をご想像ください。	15秒
ポスター	1994年	秋	東福寺	「このごろ、日本に四季が なくなっている」などと言う方が おられるようです。	
テレビCM	1994年	冬	金閣寺	写真は絵ハガキにまかせて、じっと見つめています。 そのために、来たんですから。 京都は、ずっとここで待っています。	
ポスター	1994年	冬	金閣寺	シャッター押すのをやめて じっと、まぶたに 焼きつけています。 しっかり見る。しっかり感動する。簡単にみえても、案外、コツがいったりするんです。	
テレビCM	1994年	冬	金閣寺	写真は絵ハガキにまかせて、じっと見つめています。 そのために、来たんですから。 京都は、新しい年へ進みます。	
テレビCM	1994年	冬	銀閣寺	足利義政は、何もかも嫌になって、ここに籠りました。 私は、ここに来ると、ちょっと元気になります。 京都は、ずっとここで待っています。	

種類	年	季節	場所等	ナレーションまたはキャッチコピー	備考
ポスター	1994年	冬	法然院	世界に 誇れるものって、 こういう風景なんじゃ ないだろうか。 京都の山の中じゃないんです。意外でしょうけど、大通りから徒歩10分。	
テレビCM	1995年	春	醍醐寺	1598年、秀吉もここの桜を見ました。 今年も京都に春が来ます。	15秒もあり
ポスター	1995年	春	醍醐寺	地球に、ポッと桜色になっている ところがあるとしたら… 京都です。 あの秀吉が、自慢したくてしたくてたまらなかった700本の桜の子孫たちです。 少々の人出には、負けません。	
テレビCM	1995年	春	醍醐寺	醍醐寺は、知る人ぞ知る密教美術の宝庫でもあります。 歴史をくぐり抜けて、今もここにあります。 風光る京都です。	
テレビCM	1995年	春	醍醐寺	醍醐寺は、知る人ぞ知る密教美術の宝庫でもあります。 風光る京都です。	15秒

参考資料

テレビCM	テレビCM	ポスター	テレビCM	ポスター	テレビCM
1995年	1995年	1995年	1995年	1995年	1995年
夏	夏	春	春	春	春
青蓮院	青蓮院	寂光院	上賀茂	上賀茂神社	上賀茂神社
「真夏です」と言っているのは温度計だけでした。	「真夏です」と、言っているのは温度計だけでした。失礼して、私も、素足で歩かせていただきます。夏がひと休みする京都です。	朝夕は、春の京都です。昼間は、夏の京都です。	賀茂川から来た水は、ここを巡り、また賀茂川に入っていきます。風光る京都です。	「世界文化遺産」が春の小川と桜のトンネルの先で待っていてくれました。1994年12月ユネスコが選んだ「世界文化遺産」です。仲間にはエジプトのピラミッドやローマのカラカラ浴場があります。	平安の社に、平成の風が吹いています。また今年も、京都に春が来ます。
15秒			15秒もあり		15秒もあり

種類	年	季節	場所等	ナレーションまたはキャッチコピー	備考
ポスター	1995年	夏	青蓮院	「真夏です」と言っているのは 温度計だけでした。 そうか、「しーん」というのがいちばん涼しい。	
テレビCM	1995年	夏	嵐山	ここ、どこだかわかりますか? ほら、石仏。 ん、橋がある。 お寺なんかも見えてきますよ。 で、正解は……。 夏が絵になる、京都です。	
テレビCM	1995年	夏	嵐山	嵐山。 山から吹き下ろす風が、激しく木々の葉を躍らせる様子に、 こんな名前がついたという話を聞きました。 夏がひと休みする京都です。	
テレビCM	1995年	夏	嵐山	ここは、平安貴族公認の避暑地。 夏がひと休みする京都です。	15秒
ポスター	1995年	夏	渡月橋	ここに、 こういう橋を持ってくるところが、 京都なんだな。 平安の貴族たち公認の避暑地に、おじゃましています。	

参考資料

ポスター	テレビCM	テレビCM	ポスター	テレビCM	テレビCM
1995年	1995年	1995年	1995年	1995年	1995年
秋	秋	秋	秋	秋	秋
源光庵	等持院	等持院	南禅寺	南禅寺	南禅寺
私は宇宙を、 友人は人生を、 考えていたのでした。 紅葉が教えてくれたのは、季節だけではありませんでした。	若いうちに「いちばん」を見ておきましょう。 たとえばここ、きれいでしょ。 京都が紅葉です。	若いうちに「いちばん」を見ておきましょう。 むかし若かった私は、そう思います。 たとえば、この紅葉。 ね、きれいでしょ。 京都が紅葉です。	日本史という額縁に、 一九九五年の紅葉がおさまっていました。 木々が色づくことまで歴史上の出来事なんですね、この町では。	歴史、という額縁に、１９９５年の紅葉がおさまっています。 京都が紅葉です。	歴史、という額縁に、１９９５年の紅葉がおさまっています。 「や、絶景かな!」 町ごと紅葉の美術館になる、京都です。
	15秒			15秒	

種類	年	季節	場所等	ナレーションまたはキャッチコピー	備考
テレビCM	1995年	冬	東寺	五重塔だけ見て、安心してはいけません。 ここは密教の入り口。 言葉ではその教えを伝えられない、秘密の仏教だそうです。 ブルッときました。 寒さのせい、ばかりでもなさそうです。	
テレビCM	1995年	冬	東寺	ここは密教の入口。 ブルッときました。	15秒
ポスター	1995年	冬	東寺	ブルッときたのは、 寒さのせいだけかなぁ。 こういう時のほうが、むしろ感じやすかったりするって言うものね。	
テレビCM	1996年	春	大覚寺	「春よ来い」とばっかり言ってないで、 春に会いに出掛けてみました。 歩いても、歩いても。道をそれても、春でした。	
テレビCM	1996年	春	大覚寺	歩いても、歩いても。道をそれても、春でした。	15秒
ポスター	1996年	春	大覚寺・大沢池	「桜がなければ、ただの広場」 なんてところ多いけれど。 歩いても、歩いても。道をそれても、春でした。	

参考資料

ポスター	テレビCM	テレビCM	ポスター	テレビCM	テレビCM
1996年	1996年	1996年	1996年	1996年	1996年
初夏	初夏	初夏	春	春	春
妙心寺 (東林院)	妙心寺	妙心寺	高台寺	高台寺	高台寺
「娑羅双樹の花の色 盛者必衰の理をあらはす」 が、やっと今、わかりました。 京都には、「人の世とは…」と語りかける花があります。	娑羅双樹って花、覚えてますか。 盛者必衰のコトワリをあらわすそうですよ。	「祇園精舎の鐘の声 諸行無常の響きあり 娑羅双樹の花の色 盛者必衰の理をあらはす」 と、これがその娑羅双樹の花。 きれいでしょ。	しっかり、しっかり 春を見ておかないと、 すぐ次の季節になっちゃいますよ。 この国の風景なんだと思うと、なんだかうれしいな。	しっかり、しっかり春を見ておかないと、 すぐ次の季節になっちゃいますよ。	しっかり、しっかり春を見ておかないと、 すぐ次の季節になっちゃいますよ。 もうしばらく、ここに居よっと。
	15秒			15秒	

種類	年	季節	場所等	ナレーションまたはキャッチコピー	備考
テレビCM	1996年	夏	廣隆寺	1400年も前からおいでになる仏様に対して、 こういう言い方もなんですが、 …きれいだなあ。	15秒もあり
ポスター	1996年	夏	廣隆寺	仏様に対して こういう言い方も なんですが、 「きれいだなぁ」 モナリザよりも一〇〇〇年ほど前から、微笑んでおられるそうです。	
テレビCM	1996年	初秋	正伝寺	今夜、このお寺のお庭に、宇宙からのゲストをお迎えしています。 秋の役者たちも勢揃いしたところで、さて、いよいよ、登場です。 よ、待ってました。	
テレビCM	1996年	初秋	正伝寺	今夜は、宇宙からのゲストをお迎えしました。	15秒
ポスター	1996年	初秋	正伝寺	「ムーン・ウォッチング」 という英語は、ないそうです。 この塀の高さも、この木の位置も、この砂の色も、決めたのは、お月さまでした。	

参考資料

テレビCM	テレビCM	ポスター	テレビCM	テレビCM	ポスター
1996年	1996年	1996年	1996年	1996年	1996年
秋	秋	秋	盛秋	盛秋	盛秋
高桐院	高桐院	大徳寺 （高桐院）	永観堂	永観堂	永観堂
ここの紅葉は、「色」だけじゃない。 「枝ぶり」や「散り方」まで、しっかり眺めること。 この国には、自然との接し方にもきちんとお作法があります。 千利休にゆかりの深い、お寺にて。	「色」だけじゃない。「枝ぶり」や「散り方」まで、 しっかり眺めること。 千利休にゆかりの深い、お寺にて。	人気のオープンエアでした。 お抹茶をお願いしました。 仕事の話は、ちょっと外に待たせてあります。	ある日、このお寺の回廊で、修行中の僧の前に阿弥陀様がすっと現れ、 振り返りざまに「歩みが遅い！」としかったそうです。 紅葉に見とれてばかりいないで、 ちょっと私も見返り阿弥陀様にしかられてきます。	このお寺には「見返り阿弥陀」という仏様がおいでになります。 振り返りざまに「歩みが遅い！」としかったそうです。 紅葉に見とれてばかりいないで、 ちょっとごあいさつしてきます。	今年という年は この景色で思い出すことに なりそうです。 今日、一生ものの風景に出会ったような気がします。
	15秒			15秒	

種類	年	季節	場所等	ナレーションまたはキャッチコピー	備考
ポスター	1996年	冬	八坂の塔	そうか 「考える時間」じゃなくて、 「考える場所」がなかったんだ。 反省するにせよ、決心するにせよ、舞台は必要です。	
テレビCM	1997年	春	哲学の道	「物事を深く考える」っていうの、 近頃流行っていないようなのですが、いいんでしょうか。 というわけで、私はあと2、3回、 この道を行ったり来たりしようかと思います。 では！	
テレビCM	1997年	春	哲学の道	「物事を深く考える」のって、 近頃流行っていないようなのですが、いいんでしょうか。 と思ってしまった哲学の道。	15秒
ポスター	1997年	春	哲学の道	物事を深く考える、の 近頃、流行っていないようですが、 いいんでしょうか。 と思ってしまった哲学の道。 思ったよりささやかな散歩道でした。それがかえって、哲学的でした。	
ポスター	1997年	春	仁和寺	吉田兼好さんは 「徒然草」を書くのに、 よく取材に来ていたそうです。 兼好の住まいは、この近く。春はここでお花見していたかな？	

参考資料

テレビCM	ポスター	テレビCM	テレビCM	ポスター	テレビCM	テレビCM
1997年	1997年	1997年	1997年	1997年	1997年	1997年
盛秋	夏	夏	夏	初夏	初夏	初夏
東福寺	相国寺	相国寺	相国寺	詩仙堂	詩仙堂	詩仙堂
むかし、このお寺のお坊さんは、境内のもみじは残して、 桜の木は全部バッサリと切らせたそうです。 春を捨てて、その分、秋という季節を大切にしたかったのでしょうか？ うん、潔いな。	スーパースター、世阿弥12歳。 プロデューサー、足利義満17歳。 「能」は六〇〇年前からブームです。 平成のアーティストの皆さん、「能」はずっとライブを続けていますよ。	「能」は、600年間ずっとライブを続けています。 今日は本場の特等席で。	スーパースター、世阿弥12歳。 プロデューサー、足利義満17歳。 このコンビが作り上げた芸能は、600年間ずっとライブを続けています。 さて、今日は本場の特等席で、一人贅沢に楽しもうかな。	「ある日突然、戦うのがイヤになりました。 花や虫たちと、暮らすことにしました」 ……と戦国時代の武将、石川丈山はこの庭を作ったそうです。	突然ですが、戦うのをやめて、花や虫たちと暮らします。 と、言ってこの庭をつくった戦国の武将、石川丈山。	ある日突然、戦うのがイヤになりました。 花や虫たちと、暮らすことにしました。 と言って、この庭を戦国時代の武将石川丈山が作ったそうです。 まあ、いろいろあったんじゃないでしょうか。
		15秒			15秒	

種類	年	季節	場所等	ナレーションまたはキャッチコピー	備考
テレビCM	1997年	盛秋	東福寺	むかし、このお寺のお坊さんは、 もみじは残して、桜の木は全部切らせたそうです。 うん、潔いな。	15秒
ポスター	1997年	盛秋	東福寺	六百年前、桜を全部、切りました。 春より秋を選んだお寺です。 紅葉のベストポジションは、修行の道でした。	
テレビCM	1997年	冬	知恩院	巨大組織「比叡山」から一人飛びだした法然上人は、 この地から浄土宗の布教を始めました。 これ、言うなれば、鎌倉時代の「フリー宣言」、ですか。 勇気があって成功して。 いや、実にカッコイイと、私は思います。	
テレビCM	1997年	冬	知恩院	「比叡山」から一人飛びだした法然上人は、 ここから浄土宗の布教を始めました。 これ、鎌倉時代の「フリー宣言」、ですか。	15秒
ポスター	1997年	冬	知恩院	巨大組織「比叡山」から ひとり飛び出した法然。 鎌倉時代の「フリー宣言」でした。 勇気があって成功して。カッコイイと思います。	

参考資料

媒体	年	季節	場所	内容	秒数
テレビCM	1998年	春	二条城	将軍徳川家康は、ここで辞令を受け、 その２６０年後、十五代将軍慶喜は 皮肉にもここで辞表を書いたのです。 一つの時代の「桜咲く」から「桜散る」までがここにあります。	
テレビCM	1998年	春	二条城	将軍徳川家康は、ここで辞令を受け、 その２６０年後、十五代将軍慶喜は 皮肉にもここで辞表を書いたのです。	15秒
ポスター	1998年	春	勝持寺	京都の桜、のぼり坂。 縁起のいいもの揃っています。 「ニッポンに春よ来い」です。 これまでも、この国に、何度も冬の時代はあったけど、春は必ずやって来るんですね。	
テレビCM	1998年	初夏	黄梅院	その喫茶店は四畳半です。 花が一輪だけ。 大声で話すとしかられます。 いやでも人と人が近づく仕掛けになっていました。 「一緒にお茶でも…」という意味がちょっと分かったような気がします。	
テレビCM	1998年	初夏	黄梅院	その喫茶店は四畳半です。 花が一輪だけ。 大声で話すとしかられます。 いやでも人と人が近づく仕掛けになっていました。	15秒
ポスター	1998年	初夏	黄梅院（大徳寺）	そこは、四畳半の喫茶店でした。 余計なものが、ひとつもないんです。 だから、相手のことを、考えるしかなくなりました。 たったお茶一杯で、人間関係のコツ教わりました。	

種類	年	季節	場所等	ナレーションまたはキャッチコピー	備考
テレビCM	1998年	夏	鞍馬山	京都のミステリーゾーンへようこそ。 さて、どのコースをお選びになりますか？ 金星からUFO到来説。天狗伝説。義経生存説。 ん、「信じられない」って顔してますね。 嘘か本当か、先に行ってちょっと確かめてきます。	
テレビCM	1998年	夏	鞍馬山	京都のミステリーゾーンへようこそ。 さて、あなたは、どのコースをお選びになりますか？	15秒
ポスター	1998年	夏	鞍馬山	六五〇万年前、金星よりの使者、この地に立つ。 八〇〇年前、義経、天狗と出会う。 京都のミステリーゾーンへ、ようこそ。	
テレビCM	1998年	盛秋	泉涌寺	この仏さまは、唐の時代の楊貴妃観音像です。 皇室の菩提寺であるここ泉涌寺で、 なんと七百年もの間、人目を避けて暮らしてこられました。 武士たちの歴史ではない、もう一つの日本史が、 ここには隠れているんでしょうか？	
テレビCM	1998年	盛秋	泉涌寺	日本で唯一の皇室の菩提寺と 唐の時代の楊貴妃観音という取り合わせ。 贅沢で、ちょっと謎もある泉涌寺です。	15秒

参考資料

テレビCM	ポスター	テレビCM	テレビCM	ポスター
1999年	1998年	1998年	1998年	1998年
春	冬	冬	冬	盛秋
善峯寺	八坂神社	八坂神社	八坂神社	泉涌寺
「どうせ山の中なんだろう」と、 大して期待してはいなかったことをここに告白いたします。 「ここの桜のように一年にたった一回でもいい。 人をこんなにも喜ばせる仕事ができれば」 なんて思いました。	ブロードウェイの賑やかさもいいけれど、 「祇園」で過ごす粋な時間も なかなかですよ。 「京舞」を見ました。華やかさだけじゃない。 ぴんと伸びた指先は、舞う人の強い思いが込められていました。	祇園という舞台で、彼女はもう90年も舞っているそうです。 ブロードウェイの賑やかさもいいけれど、 祇園で過ごす粋な時間も、なかなかですよ。	祇園という舞台で、彼女はもう90年も舞っているそうです。 激しい振付ではないんです。 でも、その分、なんだかドキドキしてしまいました。 ブロードウェイの賑やかさもいいけれど、 祇園で過ごす粋な時間も、なかなかですよ。	泉涌寺。 なんと読むのか、とよく聞かれます。 七百年以上も門を閉ざしていたお寺ですから。 「せんにゅうじ」と読みます。 この時代に生まれてよかった。七百年間の秘仏「楊貴妃観音」に会えました。
		15秒		

種類	年	季節	場所等	ナレーションまたはキャッチコピー	備考
ポスター	1999年	春	善峯寺	ここの桜のように 一年にたった一回でもいい。 人をこんなにも喜ばせる仕事ができれば なんて思いました。 春に桜が必ず咲く国に生まれて、ラッキーでした。	
テレビCM	1999年	初夏	詩仙堂	※映像は１９９７年の改訂版（ナレーションは変更なし）	
テレビCM	1999年	夏	宝泉院	日本は、どんどんグローバル化しなくっちゃとか、 なんでもかんでもデジタル化だとか、 二十一世紀は、ほら、そこまで来てるぞとか。 なんだかこの国も大変なことになってきているようですが。 ちなみに、明日は晴れるそうです。	
テレビCM	1999年	夏	宝泉院	「グローバル化」だ… 「デジタル化」だ… 「21世紀」だ…とか。 京都は「関係ない」って顔しているようでした。	15秒
ポスター	1999年	夏	宝泉院	この国も ますます、グローバル化するそうですね。 あちこちが、デジタル化なんだそうですね。 二十一世紀が、もうすぐだそうですね。 京都は「関係ない」って顔をしているようでした。	

媒体	年	季節	寺院	コピー	秒数
テレビCM	1999年	盛秋	法然院	いいアイデアを思いつくのはどんな時ですか？ 会議室でエンエン議論したり、データとにらめっこばかりしているよりも、 その辺をぶらっとして、 「ああ、紅葉がきれいだな」 なんて瞬間に、ひらめくかもしれませんよ。 1999年、日本のもみじ。 んっ、ひらめいたぞ。	
テレビCM	1999年	盛秋	法然院	会議室で、エンエン議論、 データとにらめっこ。 いいアイデア、出ましたか。 その辺をブラッとして、「紅葉」なんてどうですか。	15秒
ポスター	1999年	盛秋	法然院	会議室でエンエン議論、 データとにらめっこの効率計算。 どうですか、いいアイデア出ましたか？ その辺をプラッとして、「紅葉」なんかためしてみませんか。	
テレビCM	1999年	冬	大仙院	「ちゃわん」のちょっとした歪みが気に入って、 「宇宙のブラックホール」の話にまでなった……なんて人がいます。 世界広しといえども「ちゃわん」ひとつでこんなことになってしまうのは 日本人ぐらい、じゃないでしょうか。 日本人って、そうそう単純なもんじゃぁ、ないんだなぁ……。	
テレビCM	1999年	冬	大仙院	「ちゃわん」ひとつで、 「宇宙のブラックホール」の話にまでなってしまうのは 世界広しといえども 日本人ぐらいじゃないでしょうか。	15秒

種類	年	季節	場所等	ナレーションまたはキャッチコピー	備考
ポスター	1999年	冬	大仙院	まっすぐ揃っているのが、　良い。 歪んでいたりズレているのは、悪い。 なんてルールは、 この「ちゃわん」の どこにも見つかりませんでした。 日本人って、そもそもそうとう「自由でクリエーティブ」だったんだなあ。	
テレビCM	2000年	春	毘沙門堂	今、励ましを必要とする人がいたら、 「がんばれ」「元気出せ」なんて言うよりも、 私なら、こういう場所に連れてきてあげたい、と思います。 春が、こんなにもきっちり訪れる国で、良かった。	
テレビCM	2000年	春	毘沙門堂	今、励ましを必要とする人がいたら、 「がんばれ」「元気出せ」なんて言うよりも、 私なら、こういう場所に連れてきてあげたい、と思います。	15秒
ポスター	2000年	春	毘沙門堂	「がんばれ」 「元気出せ」 なんていうよりも…… いま、励ましを必要とする人がいたら私なら、ここに連れてきてあげたい、と思います。	
テレビCM	2000年	春	妙心寺	※映像は1996年の改訂版（ナレーションは変更なし）	15秒もあり

参考資料

ポスター	テレビCM	テレビCM	ポスター	テレビCM	テレビCM
2000年	2000年	2000年	2000年	2000年	2000年
盛秋	盛秋	盛秋	夏	夏	夏
光明院	光明院	東福寺、 光明院	萬福寺	萬福寺	萬福寺
日本の「ガーデニング」です。 どなたか、この美しさについて、論理的、科学的に説明していただけませんか。 ここに来てみれば、すぐわかります。まずは、紅葉から、ごゆっくり。	枯山水も日本の「ガーデニング」です。 砂と石だけですべてを表現できる。 そう信じる優秀なデザイナーたちの仕事です。	枯山水も、日本のガーデニングと捉えればいいわけです。 花がなくても、広い敷地がなくても、砂と石だけで全てを表現できる。 そう信じる優秀なデザイナーたちの仕事です。 ところで、こういうお庭を眺めて楽しむ私たちってのも、けっこう優秀だったりして。	スイカ、れんこん、精進揚げ、けんちん汁、インゲン豆。 そして、ダイニングテーブルに椅子。 そうか、「一家だんらん」は、 インゲンさんが持ち込んだ、ってワケだ。 ぜんぶ、中国から来た隠元禅師のおみやげ。「萬福寺」の、「マンプク」になるお話しでした。	インゲン豆、スイカ、れんこん、ダイニングテーブルと椅子。 「一家だんらん」は中国から来たインゲンさんの「おみやげ」でした。	インゲン豆って、中国から来た隠元さんのお土産だって知ってました？ インゲン豆、スイカ、れんこん、揚げ物、さらにダイニングテーブルに椅子。 「一家だんらん」はインゲンさんが持ちこんだってワケなんだ。 「萬福寺」の「マンプク」なお話でした。
	15秒			15秒	

種類	年	季節	場所等	ナレーションまたはキャッチコピー	備考
テレビCM	2000年	冬	東寺	※映像は1995年の改訂版（ナレーションは変更なし）	15秒もあり
ポスター	2000年	冬	東寺	著者、空海。 空と海。 東寺「五重塔」の中は まるごと一冊の 巨大な哲学書でした。	
テレビCM	2001年	春	仁和寺	さっき、バス停で見かけたお坊さんの後についてきたら、 いつの間にか、桜の中にいました。 こういうことってよくあるんです。 また、世紀を越えた、京都の桜です。	
テレビCM	2001年	春	仁和寺	さっき、バス停で見かけたお坊さんの後についてきたら、 いつの間にか、桜の中にいました。 2001年、京都の春です。	15秒
ポスター	2001年	春	仁和寺	桜の開花が ニュースになる国って、 すてきじゃないですか。	

参考資料

ポスター	テレビCM	ポスター	テレビCM	テレビCM	ポスター	ポスター
2001年	2001年	2001年	2001年	2001年	2001年	2001年
冬	冬	秋	秋	秋	夏	初夏
知恩院	知恩院	醍醐寺	醍醐寺	醍醐寺	清水寺	南禅寺
「冬の京都の決心」、 長持ちしそうな気がするなあ。	※映像は1997年の改訂版（ナレーションは変更なし）	「醍醐寺と醍醐味」 は、きっとカンケイがあると、 思っていました。	ほぼ一山、丸ごとお寺でした。 山のてっぺんからここまで、 紅葉前線が境内を降りて来るのに、一週間はかかるそうです。	ほぼ一山、丸ごとお寺でした。 山のてっぺんからここまで、 紅葉前線が境内を降りて来るのに、一週間はかかるのでしょうか。 フラッと立ち寄ってすぐ失礼するつもりが、 どうやら一日たっぷり過ごすことになりそうです。	「修学旅行」を 家族でやる、 なんて どうだろう。	きょう一日 緑に囲まれて暮らした気分です。 自分の別荘でもないのに、ね。
	15秒もあり		15秒			

種類	年	季節	場所等	ナレーションまたはキャッチコピー	備考
テレビCM	2002年	春	天龍寺	ここには、「絵に描いたような」春がありました。 絵を描くように建物の形や位置を決め、庭を作り、 そして桜の木を一本一本植えていったのです。 なるほど、周りの自然もしっかり計算に入れてあるんだ。 ６００年以上も前の仕事、大正解です。	
テレビCM	2002年	春	天龍寺	ここには、「絵に描いたような春」がありました。 まわりの自然も、きちんと計算に入れてある。 六百年以上も前の仕事、大正解です。	15秒
ポスター	2002年	春	天龍寺	長い争いの時代を 変えたい、と 植えられた桜でした。	
テレビCM	2002年	夏	青蓮院	※映像は１９９５年の改訂版（ナレーションは変更なし）	
ポスター	2002年	夏	貴船	「京」と「水」とできた 「涼」でした。	
ポスター	2002年	夏	貴船	この「ヒンヤリ」は 水の神様の、しわざです。	

参考資料

ポスター	テレビCM	ポスター	テレビCM	ポスター	テレビCM
2003年	2003年	2002年	2002年	2002年	2002年
春	春	冬	冬	盛秋	盛秋
二条城	二条城	冬の京都	東寺	真如堂	真如堂
家康も、 春の日を選んで 京都へ引っ越してきたんです。 二条城が完成したのは、 ちょうど400年前の桜の頃でした。	※映像は1998年の改訂版（ナレーションは変更なし）	「冬の京都」が その男を強くした。 という話を聞きました。	※映像は1995年の改訂版（ナレーションは変更なし）	ご本名は真正極楽寺。 「正真正銘のゴクラク」は、 町角を曲がるとあったりするんです。	正式な名前は、真正極楽寺と言います。 正真正銘の極楽、ということですよね。 住宅地の角をひょいと曲がった所にあるからといって、侮ってはいけない。 京都はそういう町です。

種類	年	季節	場所等	ナレーションまたはキャッチコピー	備考
テレビCM	2003年	夏	平等院	みんなに等しく幸せな場所とはどういうものだろう。 ここがその答えの一つです。 950年前にあった不安な時代に造られました。 さっきからここにいる私からも、ひとこと。 「大丈夫、誰にも楽園は、きっとあります」	
ポスター	2003年	夏	平等院	過ごす場所を 選ぶだけで、人は そうとう幸せになれるもんだ。 この空、この水、この緑。このデザイン、このランドスケープ。 人のセンスと哲学が楽園をつくるのだ、と思いました。	
テレビCM	2003年	冬	金閣寺	※映像は1994年Aバージョンの改訂版（ナレーションは変更なし）	
ポスター	2003年	冬	金閣寺	陽気に誘われるだけが、 旅ではないのです。	
ポスター	2004年	春	平安神宮	「あぁ、わたしは、春を 一年間待っていたんだなぁ」と 気づいた瞬間でした。	

ポスター	ポスター	ポスター	テレビCM	ポスター	ポスター	テレビCM
2004年	2004年	2004年	2004年	2004年	2004年	2004年
冬	冬	盛秋	盛秋	夏	夏	夏
竜安寺・鏡容池	龍安寺・石庭	清水寺	清水寺	栂尾山 高山寺	高雄山 神護寺	神護寺
龍安寺のB面。知ってると、スゴイです。	龍安寺のA面。知らない、とマズイです。	清水さんも、ちょっと夜更かしする。 それが秋なんですね。	どうですか、今からここにいらっしゃいませんか？ 京都東山三十六峰の秋は、有り難いことにけっこう宵っ張りなんです。 こんな大人っぽい清水さんも、いいもんでしょ。	大きな夏休みが、 小さなお寺で見つかる。 それがうれしい。	あの空海だって、 自分には「ここの、この夏」が 必要だと思ったわけです。	弘法大師空海は言いました。 「ここに住み、朝は谷川の水を一杯飲んで、夕方は山霞を一飲みする。 それだけで、魂を養うのには十分です」 私もちょっと空気を一飲み。 そうか、大人こそいい夏を過ごさなければいけないんですよね。

種類	年	季節	場所等	ナレーションまたはキャッチコピー	備考
ポスター	2005年	春	勧修寺	桜のあと、モネの描く「睡蓮」のようになるんです。	
ポスター	2005年	初秋	銀閣寺	散歩のついでにでも、 気軽にお立ち寄りください。　足利義政	
テレビCM	2005年	盛秋	善峯寺	平安時代に、「ここでなくてはいけない」と わざわざ場所を選んで造られたお寺でした。 だから、わざわざここへ来なければ会えなかった秋でした。 おーい、来たよ。	
ポスター	2005年	盛秋	善峯寺	子どもは　ひと夏ごとに、 おとなは　ひと秋ごとに、 なにか大事なものを身につけてゆくように思います。	
ポスター	2006年	初春	平安 神宮	年賀状にあなたが書いた 「初春」とか「新春」とか。	
テレビCM	2006年	春	祇園・円山公園	「あー、きれいだ」「いいお酒が飲めるぞ」 桜を見ると、だいたいこんなことを思うんですよ、 いつもはね。 それが今夜は、ちょっと違うんだな。 なんて言ったらいいんだろう。 そう、また春が来た。ありがとう。	

参考資料

ポスター	ポスター	ポスター	テレビCM	ポスター
2006年	2006年	2006年	2006年	2006年
初夏	初夏	初夏	初夏	春
三室戸寺	梅宮大社	安楽寺	詩仙堂	円山公園
「京都」「初夏」「花」で検索して、 息子が教えてくれました。 春と夏の間に、いったい いくつ季節を隠しているんだ、 この町は。	手帳を見たら、一日くらい 自分のために使えそうに思えました。 春と夏の間に、いったいいくつ季節を隠しているんだ、この町は。	「お天気よかったから、 京都に来ちゃった」 ケータイの留守電から妻の声がした。 春と夏の間に、いったい いくつ季節を隠しているんだ、 この町は。	※映像は１９９７年の再改訂版（ナレーションは変更なし）	「ありがとう」 桜を見上げて言ったのは 初めてな気がする。

種類	年	季節	場所等	ナレーションまたはキャッチコピー	備考
ポスター	2006年	夏	三十三間堂	おい、父さんを尊敬していいんだぞ。 「聞きたいことあるか。父さん、勉強して来たんだ」 「…」 「いいんだ、わからなくても。まだ今は」 子どもと同じ方向を向いていた。久しぶりのことだった。	
ポスター	2006年	初秋	詩仙堂	そんなに急いで 紅葉の秋に来られちゃ ツマンナイ。	
テレビCM	2006年	秋	曼殊院	1年なんて、あっという間に過ぎていくって言いますけど、 もう少しゆっくり過ぎていってくれると、いいなあ。 というわけで、来ちゃいました。	
ポスター	2006年	秋	曼殊院	一年なんてアッという間に過ぎていく。 それじゃいけない。 ホーッ……京都の紅葉が、ゆっくりとため息をつかせてくれました。	
ポスター	2007年	初春	下鴨神社	一年の「旅初め」を どこにするか、だ。	

参考資料

ポスター	ポスター	ポスター	ポスター	テレビCM
2007年	2007年	2007年	2007年	2007年
初夏	初夏	初夏	春	春
東寺	城南宮	知積院	上賀茂神社	上賀茂神社
青空にいちばん似合うのが、 高層ビルってわけはない。 春と夏の間に、いったいいくつ季節を隠しているんだ、この町は。	桜がすんでも 一息ついてるヒマはないですから、 京都は。 春と夏の間に、いったいいくつ季節を隠しているんだ、この町は。	京都なら、 そのスーツのままで いいんじゃないですか。 春と夏の間に、いったいいくつ季節を隠しているんだ、この町は。	春のない国には、 わたし、住めないかも。	ここには、京都の町の誕生に深く関わる神様がおいでになります。 その神様は、京都の春は格別に美しく、とお考えになったのでしょうか？ しかし、困ったぞ。 私はもう春のない国には住めなくなりそうだ。

種類	年	季節	場所等	ナレーションまたはキャッチコピー	備考
ポスター	2007年	夏	妙心寺	同じように驚いて、 同じところでうなずいて。 そうして、この夏、家族になっていく。	
テレビCM	2007年	初秋	嵯峨野・嵐山	ここら辺りを歩くコツ、教わりました。 簡単でした。 道は一つ裏へ、もう一つ奥へ。 ほぉら、発見。 広い道ばかり歩いていたら、 きっと見つからなかったと思います。	
ポスター	2007年	初秋	常寂光寺	暑い夏を乗り切った私に、 この町が「おつかれさま」と 言ってくれました。	
テレビCM	2007年	盛秋	嵯峨野・大覚寺	平安時代の初めに、わざわざ海外の情報を集め、 書を読み、話を聞き、練りに練って、 この空間設計のプランは生まれたと言います。 風景は、人がつくり上げるものなんですよね。 この当たり前のことに、一〇〇〇年たった今、ドキリとするのはどうしてだろう。	

参考資料

ポスター	ポスター	ポスター	テレビCM
2007年	2007年	2008年	2008年
盛秋	冬	初春	春
大覚寺	西花見小路	八坂神社	南禅寺
美しい景色は人がつくり上げるものです。 この当たり前のことに 一〇〇〇年たった今、 ドキリとするのはどうしてだろう。 平安時代の初めに海外の情報を集め、書を読み、話を聞き、 練りに練ってこの空間設計は生まれたのでした。	お勉強することが、 まだまだいっぱいあるわね。 母はうれしそうでした。 　いつもとちがって、 母がどんどん前を歩いて行きます。 いつもとちがうこの町の冬の空気のせいでしょうか。 「わかいわね」 「え、なんて言った?」 母を誘ったのは、正解でした。	年が明けたら初春とよんで、 ほら、もう、私たちは「春」を探してる。	あのぉ、ひょっとして、ハイビジョンの大型画面で桜を眺めて、 もうそれで春を満喫した気になっていませんか? ところで、風で舞い落ちた桜の花びらが、 さっきから私の肩に乗っかっているんです。 こういうことが、本当はとっても「春」なんです、よね。

種類	年	季節	場所等	ナレーションまたはキャッチコピー	備考
ポスター	2008年	春	南禅寺	肩に花びらが落ちてきました。 どんな大画面テレビでもできない お花見でした。	
ポスター	2008年	初夏	平等院	私のばあい、争いの歴史より 京都の「花の歴史」から多くを学んでいます。	
ポスター	2008年	初夏	勧修寺	「きれいなものを目にする」には、 ちょっとした努力がいる。 家でニュースを見ていると、そう思います。	
テレビCM	2008年	夏	比叡山延暦寺	一組の親子に会いました。 奇しくも、わたくしにも、息子が一人おりますが、 今から思えば、一緒に旅がゆるされるなんて、実にわずかな時間なのです。 子どもが大きくなって、思い出してくれるような、 そんな「夏の記憶」をつくれるかどうか、 親としても、試されているわけです。	
ポスター	2008年	夏	延暦寺	絵日記を書いて、 それでおしまいに なってしまうような夏じゃなく。 大きくなって、 思い出してくれるような 「夏の記憶」をつくれるかどうか、 親も、試されているのです。	

参考資料

ポスター	ポスター	ポスター	テレビCM	ポスター	テレビCM
2009年	2008年	2008年	2008年	2008年	2008年
初春	冬	盛秋	盛秋	初秋	初秋
北野 天満宮	西陣あたり	三千院	大原・ 三千院	勝林院	大原の里
「みんなどうか元気で」と思う人で、 この季節、 この町はできているみたいだ。	ふだんとは、 娘はしゃべり方がちがってる。 母ははしゃぎ方がちがってる。	紅葉の中で 仏さまに出会ってしまいました。 急いでケータイを切ります。 あしからず。	ここにあるのは、美しいだけの秋ではありません。 さっきは紅葉の中で、仏さまと目が合ってしまいました。 当分ケータイは、切ったままにさせてください。 あしからず。	涼しくなったら考えよう。 そう言って後回しにしていたこと、 ここに来たら思い出しました。	じっと耳を澄まさないと、聞こえてはこない。 ここにあるのは、そんな音ばかりです。 不思議なことに、人のしゃべり声も、小さくなっていました。 「涼しくなったら考えよう」、 そう言って後回しにしていたこと、思い出しました。

種類	年	季節	場所等	ナレーションまたはキャッチコピー	備考
テレビCM	2009年	春	醍醐寺	桜が、こうして見事に咲くまでには、 必ず長い冬を越さなくてはなりません。 そんな運命が、この国の花たちをますます美しくしているんじゃないだろうか。 そう思うと、心から拍手をおくりたくなります。	
ポスター	2009年	春	醍醐寺	見事なサクラであればあるほど、 長い冬の時間、 耐えてきたことを思うのでした。	
ポスター	2009年	初夏	法然院	生まれたばかりの季節の匂いがしました。 「人と緑のいい関係」が、ここにはありました。	
ポスター	2009年	夏	東福寺	一二〇〇年もの歴史の前では、 親子の年の差なんて ひょいと乗り越えてしまいました。	
テレビCM	2009年	初秋	泉涌寺	燃え盛る季節は過ぎ、枯れ始めるにはまだ早い。 夏と秋の間とは味わい深いものです。 人生の年輪と同じかもしれない。 そう気づかせてくれたのは、ここで出会ったお月さまでした。 中秋の名月。 ああ、久々に口にする美しい言葉だ。	
ポスター	2009年	初秋	泉涌寺	中秋の名月。風情のある言葉です。ひさびさに口にしました。	

参考資料

ポスター	テレビCM	ポスター	テレビCM	ポスター	テレビCM
2010年	2010年	2009年	2009年	2009年	2009年
春	春	冬	冬	盛秋	盛秋
仁和寺	仁和寺	祇園巽橋	知恩院	光明寺	光明寺
遅咲きのサクラです。 見なければ「春の義理」が果たせない、と 京都の人は言うのです。	川端康成の小説『古都』。 その中で、この遅咲きの桜について、京都人が面白いことを言うのです。 「御室の桜も、一目見たら、春の義理がすんだようなもんや」 春の義理か。 ここの桜を見ずに、春は越せないものらしいです。	連れてきてあげたかった。母と娘が互いに思っている。	※映像は１９９７年の改訂版（ナレーションは変更なし）	２００９年の秋、今わたしたちは日本の歴史の、 どのあたりを歩いているのだろう。	ただのもみじのトンネルではありません。 ８００年前につながるタイムトンネルです。 今、私たちは、日本の歴史のどのあたりを歩いているんだろう。 そんなことを考えてしまう、２００９年の秋です。

種類	年	季節	場所等	ナレーションまたはキャッチコピー	備考
ポスター	2010年	初夏	祇王寺	古くからあるのに古くない。 毎年、新しい生命力を 緑からもらうようにできていました。	
ポスター	2010年	初夏	高桐院		
テレビCM	2010年	夏	清水寺	「子どもの未来の夢をちゃんと聞いてやる、それが、夏休みの親の大事な仕事なんだ」 と言う人がいました。 ここでなら、子どもも、あんがい大きな夢を語ってくれるかもしれないな。 どうか、いい夏休みでありますように。	
ポスター	2010年	夏	清水寺	「清水の舞台」を 子どもと一緒に予習してくる。 そんな旅じたくもあるのです。	
テレビCM	2010年	盛秋	金戒光明寺	暑いとか、寒いとか、それだけで私の一年が終わるなんて、冗談ではありません。 この国には、「ああ、きれいだ」、と口にできる季節が必ず来るのです。 法然さんも眺めたであろう美しい夕日を、私もじっと待つことにします。 「んー、きれいだ……」	
ポスター	2010年	盛秋	金戒光明寺	「暑い」「寒い」だけで 私の一年が終わるなんて、 ジョーダンではありません。	

参考資料

テレビCM	ポスター	ポスター	ポスター	テレビCM	ポスター
2011年	2011年	2011年	2011年	2011年	2010年
夏	初夏	初夏	春	春	冬
本願寺界隈	貴船神社	常寂光寺	東寺	東寺	知恩院
「子どものために」と出かけた旅であっても、 この町からは、親もたくさんのヒントをもらうことができます。 「自分さえよければいい…なんてワケがない」とか、 「あきらめないことは、カッコイイぞ」とか。 今年の夏休みに聞く親のコトバは、きっと子どもを強くする。 だって、この町の過去は、君たちの未来のためにあるのだよ。	浅緑、浅葱、萌葱、鶸萌黄、 「日本のみどり色」が見つかりました。		どういうわけだろう。 今年は一本の桜と じっと向き合う春にしたかった。	今年の私のお花見は、一本の桜を選び、じっと向き合うことでした。 どうしても、こういう時間が私には必要でした。 なぜか？ いやぁ、それを話すと、長くなるなあ。	母と私は、京都に通っているうちに、 笑顔が似てきたそうです。

種類	年	季節	場所等	ナレーションまたはキャッチコピー	備考
ポスター	2011年	夏	東本願寺・西本願寺	この町の過去は、 君たちの未来のためにあるのだよ。	
テレビCM	2011年	盛秋	毘沙門堂	心が温かくなる風景に、今年あといくつ出会うことができるのでしょう。 「いい秋ですね」 そんな言葉を交わし合うことが、今はとても嬉しいことのように思えます。 さあ、もう少し歩いてみましょうか？	
ポスター	2011年	盛秋	毘沙門堂	いい秋ですね、と言葉をかわしあえる。 それだけで、うれしい。	
ポスター	2011年	冬	二年坂	聞こえてくる「京ことば」も 風景のひとつだと気づきました。	
テレビCM	2012年	春	龍安寺	この桜の風景を例えて言えば、 「いつも難しいことばかり言う人が、ふと笑顔を見せる。それが実にいい」 と、まあ、そんな感じなんです。 ほら、石庭が笑ってる。	
ポスター	2012年	春	龍安寺	あ、石庭が、笑ってる。 いつもは難しい顔しているお庭にも、春がきました。	

参考資料

テレビCM	ポスター	ポスター	テレビCM	ポスター	テレビCM	ポスター
2013年	2012年	2012年	2012年	2012年	2012年	2012年
春	冬	盛秋	盛秋	夏	夏	初夏
妙心寺・退蔵院	八坂通	二尊院	二尊院	伏見稲荷大社	伏見稲荷大社	蓮華寺
どの町の、どこの桜がお好きですか？ その答えを聞けば、あなたのことが少しわかる気がします。 おや、迷っていらっしゃる。 どうぞ、ごゆっくり。	「住みたいな、この町に」 「来るたびに、そう言っているね」	紅葉は、旅の入り口にすぎませんでした。	この紅葉の先には、二体の御本尊様が並んでおいでになります。 それは……、いや、説明は止めておきましょう。 肝心なのは、知ることではなく、感じることだと言いますから。 紅葉は旅の入り口に過ぎませんでした。	早く大きくなれ。 いや、ゆっくり大きくなればいい。 夏は、親も戸惑いながら育ってゆきます。	いつもは、子どもに「早く大きくなれ」と言っているのに、面白いものです。 この町に来ると「いや、ゆっくり大きくなればいいんだ」と、そう思い始めている。 親子で旅する京都は、また、格別です。	夏が来る前に、 考えたり感じたりすべきことは多いのです。

種類	年	季節	場所等	ナレーションまたはキャッチコピー	備考
ポスター	2013年	春	妙心寺 退蔵院	どの町の、どこの桜が好きですか。 おや、迷っていらっしゃる。 どうぞ、ごゆっくり。	
ポスター	2013年	初夏	地蔵院	生まれたての緑に囲まれていました。 古いお寺も、毎年この季節に、 イチからスタートするんだね。	
テレビCM	2013年	夏	石清水 八幡宮	さっきまではしゃいでいた子どもが、ふと静かになりました。 ここに来なかったら、きっと、いつもと同じような夏休みだったかもしれません。 夏の子どもを育てるのは「青い空と太陽」だけではないのです。	
ポスター	2013年	夏	石清水 八幡宮	夏の子どもを育てるのは、 青い空と太陽だけじゃないのです。	
テレビCM	2013年	盛秋	南禅寺 天授庵	京都の秋は、今年で何年目でしょう? 「毎年紅葉を?」と不思議がられたりもします。 でも、歳歳年年人同じからず。 来るたびに、感じることが違う。 今年の紅葉を、今年の私が見て、さて、何を思うでありましょう。	
ポスター	2013年	盛秋	南禅寺 天授庵	「今年の紅葉」を見に行く、と言いながら 「今年の自分」を見に行く私、でもありました。	

参考資料

ポスター	2013年	冬	宮川町	「ここに来なければ、今ごろ何してた？」 「きっと、こたつで、うたた寝してた」	
テレビCM	2014年	春	十輪寺	ここを見つけたのは、里山の散策の途中でした。 千年は軽く超える歴史があり、平安の歌人・在原業平が晩年を過ごした場所だそうです。 まだ、知らない場所がある。 まだ、知らないことがある。 それがなんだか嬉しいんだなあ。	
ポスター	2014年	春	十輪寺	散策の途中で見つけました。 まだ知らない場所がある、知らない話がある。 それが、なんだかうれしい。	
ポスター	2014年	初夏	比叡山 延暦寺	京都の町の匂いは、この山からもらって できているみたいだ。	
テレビCM	2014年	夏	萬福寺	夏休みの旅は、親につきあわせる、それでもいいんじゃないでしょうか。 だって、親にとっても貴重な休暇なんですから。 親の、こわいほど真剣な表情、子どもたち、あんがい、好きですよ。	
ポスター	2014年	夏	萬福寺	この夏の旅が、いつか、きっと 家族のチカラになってくれる気がします。	
テレビCM	2014年	盛秋	源光庵	紅葉が、宇宙や人の一生の話になってしまうとは、思ってもいませんでした。 丸い悟りの窓、四角い迷いの窓。 心の窓を通して眺める紅葉なのですね。 そっか、ここへはあの人を誘って来れば良かった。	

種類	年	季節	場所等	ナレーションまたはキャッチコピー	備考
ポスター	2014年	盛秋	源光庵	紅葉が、宇宙や人生の話になってしまうとはね。	
テレビCM	2015年	春	平安神宮　他	今年は、京都の桜をいくつか巡ってみることにしました。 この町ではずっと、みんなで競うようにして、格別に美しい、 そしてもてなし上手な桜を育てて来ました。 そんな桜に出会うと、人は一年を前向きに生きていこうと思えるのかもしれない。 だから、どこへ行っても桜の下では、みんな笑っているんです。 そう、笑っているのがたとえ桜の下だけであってもいいじゃないですか。 ずっと悩んでいるよりその方がいい。 うん、間違いなくいい。	60秒 平安神宮、哲学の道、 上賀茂神社、円山公園、 仁和寺、醍醐寺、東寺
テレビCM	2015年	春	平安神宮　他	今年は、京都の桜をいくつか巡ってみることにしました。 なにしろ、美しく「もてなし上手」な桜ばかり。 どこへ行っても桜の下では、みんな笑っているんです。 そう、「桜の下だけ」であってもいいじゃないですか。 ずっと悩んでいるより、間違いなく、いい。	平安神宮、哲学の道、 上賀茂神社、仁和寺、 東寺、醍醐寺
ポスター	2015年	春	平安神宮	美しい桜に出会おうじゃないですか。 この一年を前向きに生きるためにも。	
ポスター	2015年	春	哲学の道	※ビジュアル・コピーは1997年と同じ	キャンペーン20周年

ポスター	ポスター	テレビCM	ポスター	ポスター	ポスター	ポスター	ポスター
2015年	2015年	2015年	2015年	2015年	2015年	2015年	2015年
初夏	初夏	初夏	春	春	春	春	春
永観堂	東福寺	曼殊院　他	東寺	仁和寺	醍醐寺	上賀茂神社	円山公園
初夏に私は「秋のガイドブック」を開きます。紅葉の名所は、すなわち新緑の名所ですから。		風と緑に誘われて、さて、どこへ出かけるか。迷ったら、私は秋のガイドブックを開きます。紅葉の名所は、すなわち新緑の名所ですから。これ、初夏の旅のコツとも言えましょう。あ、ウラワザ、教えちゃった。	※ビジュアル・コピーは２０１１年と同じ	※ビジュアル・コピーは２０１０年と同じ	※ビジュアル・コピーは２００９年と同じ	※ビジュアル・コピーは２００７年と同じ	※ビジュアル・コピーは２００６年と同じ
		曼殊院、八坂道、白川 行者橋、永観堂、東福寺	キャンペーン20周年	キャンペーン20周年	キャンペーン20周年	キャンペーン20周年	キャンペーン20周年

種類	年	季節	場所等	ナレーションまたはキャッチコピー	備考
テレビCM	2015年	夏	下鴨神社	二千年以上も昔から、今の私たちへ、 この太古の社は、たくさんのことを伝えてくれています。 さて、二千年後へ、私たちは何を伝えられるのか？ 過去の場所から未来を考える。 そんなふうにこの町はできているのです。	
ポスター	2015年	夏	下鴨 神社	過去の場所から未来を想像する。 この町は、そんなふうにできている。	
テレビCM	2015年	秋	清水寺　他	長くこの町が残してきてくれた秋の美しい風景を、 今せっせと自分に取り込んでいるところです。 人は経験から多くを学ぶようにできているから。 さて、私の秋は忙しくなるぞ。	清水寺、大覚寺、光明寺、 二尊院、金戒光明寺、 曼殊院、東福寺、 北野天満宮
ポスター	2015年	秋	北野天満宮	歴史と、美しい風景の経験から、人は多くを学びます。 ああ、私の秋は忙しくなるぞ。	
テレビCM	2016年	春	京都御所・ 京都御苑	世界でもっとも人気ある町の、言ってみれば、ここはそのまた、まん真ん中です。 そんな場所の春とは、どのようなものか？ 間違いなく日本代表選手です。 ライバルは、ちょっといないかな。	
ポスター	2016年	春	京都御所 京都御苑	世界でもっとも人気の町の その「まん真ん中にある春」なんですから。	

参考資料

テレビCM	ポスター	テレビCM	ポスター	テレビCM
2016年	2016年	2016年	2016年	2017年
夏	夏	秋	秋	春
大徳寺聚光院	大徳寺聚光院	天龍寺	天龍寺	二条城
襖絵は、インテリアであり、アートである。 16面のパノラマスクリーンを使って、季節のストーリーができている。 「なるほど！　なるほど！」 諸君、今からでも遅くなはい。 いいから、ここに来たまえ。	目の前にあるのは、もしかして 16面パノラマスクリーンではありませんか。 こちら、襖絵の現場です。 ただいま、国宝が里帰りしています。	お寺を建てて、美しい庭を作ろう。 600年以上もの昔のプランです。 外の景色をお借りして、完成できたことに感謝する。 そんな気持ちがここにはあります。 景色を借りると書いて「借景」。 いい言葉じゃないですか。	外の景色をお借りできて、うれしい、ありがとう。 「借景」は、きもちの言葉でした。	そういえば、この頃、手のひらの小さな画面を覗き込んで、人は下ばかり向いている。 みんなで、桜に会いに出かけましょう。 だって、顔を上げて歩く時間が、ちゃんと持てるじゃありませんか。 そう、私もさっきから、ずーっと上を向いている。
そうだ 京都は、今だ。 ナレーター：小林聡美さん	そうだ 京都は、今だ。			

種類	年	季節	場所等	ナレーションまたはキャッチコピー	備考
ポスター	2017年	春	二条城	手のひらの小さな画面を 覗き込んでいた私を 上に向かせてくれた桜です。	
テレビCM	2017年	盛秋	東寺	物言わぬ景色の、なんと雄弁なことでしょう。 ニンゲンは、ちょっとしゃべり過ぎ、か……。 では、これにて、御免ください。	15秒もあり
ポスター	2017年	盛秋	東寺	ニンゲンは、ちょっとしゃべりすぎかな。 もの言わぬ景色の、なんと雄弁なことだろう。	
テレビCM	2018年	春	勧修寺	西暦900年創建のこのお寺からみれば、私たちは「未来の旅人」です。 いい春を残してくださって、ありがとうございます。 私たちも、未来からお礼を言われるような「素敵な過去」になりたいものです。	
ポスター	2018年	春	勧修寺	いい春を残してくださって ありがとうございます。 私たちも、美しい過去になれるといいけれど。	
テレビCM	2018年	秋	一休寺	京都に通い始めて、もう25年になります。 1200年分の時間を持った町が、東京からたった2時間ちょっとの先にあるなんて、 なんて贅沢なんでしょう。 京都を、また新しく歩き直してみることにします。 そうだ 京都、行こう。	

参考資料

ポスター	ポスター	テレビCM	ポスター	テレビCM	テレビCM	ポスター
2019年	2019年	2019年	2019年	2019年	2019年	2018年
初夏	初夏	初夏	春	春	春	秋
常寂光寺	祇王寺	祇王寺、 常寂光寺	賀茂川	賀茂川、 上賀茂神社	賀茂川、相国寺	一休寺
苔が、新緑を見守る。 「古と今」は、 共に美しく生きていました。		この町では、今年生まれた「緑」を、時を重ねた「苔」が見守っていました。 古と今とは、共に、美しく生きることができる。 そう気づけたことがうれしかったなあ。 初夏の京都は、発見に満ちていました。	春はあけぼの。 枕草子は最高のガイドブックでした。	「春はあけぼの」 こう清少納言が書きとめた、その現場は京都でした。 僕は、一度こいつを確かめたいと思っていました。 そうか、僕らは今、１０００年前と同じ春の空を眺めることができるんだ。	「まだ知らない京都がいいな」と言ったら、 「今すぐ、いらっしゃい」と言われました。 そして、朝の早い時間を教わりました。 ふ〜〜ん、 僕の「そうだ 京都、行こう。」は、こうして始まりました。	「１２００年たっても、人間はそんなに変わらない」京都に25年通い続けた旅人の声が聞こえた。
					ナレーター：柄本佑さんへ	

種類	年	季節	場所等	ナレーションまたはキャッチコピー	備考
テレビCM	2019年	秋	真如堂・金戒光明寺	午後の日差しのなか、ふと浮かんだのが「秋は夕暮れ」でした。 今ならこんな解釈も許されるでしょうか ――お楽しみは、このあとも続く。 今から僕は、それを町の中に見つけに行きたいと思います。 では。	
ポスター	2019年	秋	真如堂	秋は夕暮れ。 このあと急いで帰る理由が どこにも見つからない。	
テレビCM	2020年	早春	大徳寺	侘び、とか、寂び、とか。 いくら検索しても分からない事のひとつでした。 だからいつかこうしてじっくり向き合わなくては、と思っていたところでした。 あー、なんで今までこの時期に来なかったんだろう。	
ポスター	2020年	早春	大徳寺 大仙院	なんで今まで、この時期に来なかったのだろう。 石庭を前に、そう思いました。	
	2021年			テレビCM・ポスターの制作無し	
テレビCM	2022年	夏	建仁寺	口を開けば、「暑い」しか出てこなくなったとき、人に必要な風景ってなんだろう。 引き算されたとか、しーんとした場所を探す、それが答えだそうです。 そして、今、僕、その答え合わせをしているところでした。	

ポスター	2022年	夏	建仁寺	口をひらけば、 暑い　しか出てこなくなったとき、 人に必要な風景ってなんだろう。	
テレビCM	2022年	秋	高雄	「秋が待ち遠しかった」 そう語る人、今年はきっと多いと思うんです。 だって僕もその一人ですから。 そんな僕へひとこと。 「よかったね、ここが見つかって」	神護寺、高山寺・西明寺
ポスター	2022年	秋	神護寺	「秋が待ち遠しかった」と語る人は今年きっと多い。 私がそうであるように。	
テレビCM	2023年	初夏	六波羅蜜寺	なぜ、口から6体の仏像が出ているのだろう。 なぜ、こんなにも粗末な衣で痩せっぽちなんだろう。 己を空っぽにしても人に与える。 空也上人の、その生き方までも残したいと強く願った仏師がいたんだな。 ありがとう。	
ポスター	2023年	初夏	六波羅蜜寺	なぜ、口から6体の仏像なのか。 なぜ、こんなに粗末な衣なのか。 この町は、その答えを探す時間だって「旅」になる。	
テレビCM	2023年	秋	南禅寺	京都の人に尋ねました。 「紅葉の名所ベスト3、教えてください」 少し戸惑ったその顔には、こう書いてありました。 「ごめんなさい、多くて、決められない」 そうか、一番も二番もないんだろうな。 確かに、この町はどこをどう歩いても、秋に出会える。	

種類	年	季節	場所等	ナレーションまたはキャッチコピー	備考
ポスター	2023年	秋	南禅寺	「紅葉ベスト3」を京都の人に尋ねました。 その顔にこう書いてありました。 ごめんなさい、多くて、決められない。	
テレビCM	2024年	初夏	蓮華寺	小さな「ほっこり」に、いくつも出会いました。 わたし、ここに来てなかったら、 明日もまた、同じこと考えていたと思う。	ナレーション・演者： 安藤サクラさん
ポスター	2024年	初夏	蓮華寺	ここに来てなかったら、わたし 明日もまた同じこと、考えていたと思う。	
テレビCM	2024年	秋	宇治	今年の紅葉は、京都の碁盤の目を少し出てみることにしました。 この辺り、平安時代は、都人の別荘地。 彼らのさまざまな想いもたどれるというのです。 そんな贅沢な紅葉、他の町にあったかなぁ。	興聖寺、平等院
ポスター	2024年	秋	平等院	京都の碁盤の目を少し出たら、 平安の都人を夢中にさせた紅葉に出会えました。	

〈コピー・ナレーション〉
太田恵美

〈写真〉
高崎勝二（右記、本文に注記があるものを除く）
アフロ（p86）

〈素材協力〉
東海旅客鉄道株式会社
株式会社電通

〈主な参考資料〉

・そうだ 京都、行こう。公式サイト
（https://souda-kyoto.jp/index.html）
・そうだ 京都、行こう。【公式】ＹｏｕＴｕｂｅチャンネル
（https://www.youtube.com/channel/UCP40QiZo7EjfltE3QkStkCw）

※学術的内容を含む本書は、太田恵美と高崎勝二の承諾を得て素材を使用しています。

水野由多加（みずの ゆたか）
1956（昭和31）年生まれ、慶應義塾大学文学部（社会学）、青山学院大学大学院（経営学）退学、関西大学名誉教授。博士（商学）。日本広告学会副会長（2007年～）。電通勤務、京都工芸繊維大学（デザイン経営工学）を経て、関西大学教授。広告論をのべ2万人の学生に講じる。鉄道は「交通広告見る鉄」。

交通新聞社新書182
「そうだ 京都、行こう。」が長く続くわけ
～多くの人に受け入れられる良い広告とは～
（定価はカバーに表示してあります）

2024年11月15日　第1刷発行

著　者――水野由多加
発行人――伊藤嘉道
発行所――株式会社交通新聞社
https://www.kotsu.co.jp/
〒101-0062　東京都千代田区神田駿河台2-3-11
電話　（03）6831-6560（編集）
（03）6831-6622（販売）

カバーデザイン―アルビレオ
印刷・製本―大日本印刷株式会社

ISBN978-4-330-05424-7